KB133696

삼성, 집요한 혁신의 역사

_____ 님께

혁신의 리더가 될 당신을 응원합니다.

_____ 드림

삼성 혁신의 중심에서 40년
최전방 CEO 손욱의 생생한 현장 기록

삼성, 집요한 혁신의 역사

손욱 지음

KOREA.COM

읽고 혁신하라, 손욱을 배워라!

세계 시장을 주도하는 삼성전자도 시작은 중소기업이었다. 다 같은 중소기업이지만 어떤 기업은 세계 일류 기업으로, 어떤 기업은 퇴출되거나 여전히 후진적 중소기업으로 남아 있다. 바꿔 말하면 성공적인 혁신의 방법을 터득한다면 누구나 세계 일류가 될 수 있다는 얘기다. 우리나라의 전자·IT 분야는 전체 수출액의 30% 가까이 차지하고 세계 무역 강대국으로 우뚝 서는 데 크게 기여했다. 하루가 다르게 변하는 세계 무대에서 죽기 살기의 절박함으로 변화와 혁신을 이루어 낸 결과다. 혁신이라는 단어를 떠올릴 때 나는 손욱이라는 이름을 함께 묶는다. 이 책의 저자 손욱은 필자와 같이 20여 년 넘게 삼성전자에서 변화와 혁신을 함께 주도해 온 대한민국 혁신역사의 산증인이자 직접 현장을 지휘한 리더다. 1975년 삼성이라는 배에 올라타, 글로벌 바다의 거친 풍파를 뚫고 세계 중심에 서기까지 삼성의 기술 혁신 과정을 온몸으로 경험한 기술 경영의 선구자다. 그런 그가 40년 혁신 경영 이야기를 책으로 써낸다니 참으로 기쁘다. 지난 세기 우리가 시행착오를 거쳐 각고의 노력 끝에 달성한혁신의 이야기는 더욱 경쟁이 치열해진 앞으로의 한 세기를 끌고 나갈 수 있는 파워풀한 교과서가 될 것이다. 이 책을 보는 모두가 변화와 혁신을 향한 첫 계단에 서 있는 셈이다. 읽고 혁신하라, 손욱을 배워라.

— **윤종용** 삼성전자 전 부회장, 국가지식재산위원회 위원장

지금은 모두 융합을 논한다. 이제껏 상반된다고 생각해 왔던 가치들을 통섭하는 인재상을 원한다. 혁신을 이끄는 강력한 리더십과 더불어 조직과 사회를 보다 의미 있게만들어 가는 따뜻한 가치관을 가진 인물을 찾는다. 손욱 회장이야말로 그런 통섭형 리더의 대표다. 실제로 그는 기술과 경영을 융합한 기술 경영의 문을 연 1세대 CEO였다.

삼성SDI 사장을 거쳐 삼성인력개발원 원장까지, 삼성의 인재들은 그로부터 머리와 가슴을 모두 배웠다. '식스시그마 전도사'라고 불릴 만큼 혁신을 이야기해 온 저자가 이제 혁신 경영을 넘어서서 행복과 감사의 나눔이라는 새로운 융합 운동을 펼치고 있다. 이 책에는 그의 젊음을 모두 바쳐 혁신 경영을 성공으로 이끈 전장과 같은 기업 현장의 이야기가 담겨 있다. 또한 평생에 걸친 그의 감사와 행복의 방법론을 배울 수 있을 것이다. 이 책을 읽는 모두가 손욱 회장이 생생하게 전해 주는 혁신과 융합, 감사와 나눔의 가치관을 실생활에 적용해 통섭형 인재로 새로 태어날 것을 믿는다.

— **정준양** 포스코 회장, 한국공학한림원 회장

혁신의 아이콘이라 불리던 애플마저 따돌리고 파죽지세로 세계 시장을 점령해 버린 일등 기업 삼성. 삼성은 어떻게 세계 최강의 경쟁력을 가지게 되었는가? 누가 그 일을 해냈는가? 그 시원한 답이 이 책에 있다. 정통 삼성맨으로 고 이병철 회장과 함께 삼성의 혁신을 주도했던 인물, 그리고 이건희 회장의 신경영 여정에 동참해 오늘의 혁신을 이끌어 낸 리더 중 한 명, 바로 손욱 교수의 굉장한 기록이다. 이건희 회장과 임원 200명은 왜 68일 동안 사상 유례없는 출장길에 나섰는가, 오늘의 혁신을 이루어 내기까지 수많은 시행착오는 어떤 것들이었는가, 삼성에 기술을 전수해 주었던 일본 기업들은 왜 시장에서 퇴출되었는가 등 흥미진진한 실화가 이 책에 담겨 있다. 삼성의 역사는 한국 혁신 경영의 역사다. 혁신은 열정이 없이는 이루어질 수 없다. 열정의 온도가 다른 사람, 승자의 법칙을 아는 사람 손욱이 쓴 이 놀라운 혁신의 비법을, 삶과 일에서 모두 승리하고자 하는 당신에게 적극 추천한다.

— **전옥표** 경영학 박사, 위닝경영연구소 대표,《이기는 습관》저자

CONTENTS

○ **추천사** · **4**
○ **프롤로그** | 이건희 회장과 함께한 '신경영',
  한국 혁신 경영의 새 역사를 쓰다 · **10**

Part 1. 리더가 세상을 바꾼다 · 19

1.1 역사 속에서 배운 유연한 사고와 리더십 · 20

1.2 내가 사소한 일에 목숨 거는 이유 · 24

1.3 잘 훈련된 병사만이 위기를 넘는다 · 28

1.4 한국 역사상 최초의 글로벌 스탠더드 · 36

1.5 박태준 회장의 '하향온정' 리더십 · 43

Part 2. 혁신의 조건 · 49

2.1 삼성맨으로 인생이 바뀐 두 번의 오일쇼크 · 50

2.2 리더의 결단이 조직의 성패 가른다 · 57

2.3 '보자기 근성' 한국인, 룰과 프로세스를 더하라 · 64

2.4 혁신은 근본을 다스리는 데서 출발한다 · 71

2.5 제조와 구매도 과학이다 • 78

2.6 삼성전자 10년 비전으로 기획통이 되다 • 84

2.7 일본, 미국, 한국의 놀라운 혁신 비화 • 91

Part 3. 혁신의 방법 • 99

3.1 방문판매 도입으로 경쟁사를 따돌리다 • 100

3.2 사무 혁신으로 창조 기업으로 거듭나다 • 107

3.3 한국 1등 만든 대리점 개혁 • 114

3.4 일본 기업에서 배운 신뢰와 품질 혁신 • 121

3.5 삼성의 숨은 공신, '이 회장의 일본 친구들' • 127

3.6 중국, 그 속에 숨겨진 성장 DNA를 보다 • 134

Part 4. 이건희 혁신 스타일 • 141

4.1 삼성의 핵심 조직 '비서실'의 경쟁력 • 142

4.2 신경영 삼성, 200명 임원의 68일 대장정 • 148

4.3 삼성 '4대 헌법'과 '인재 제일'의 가치 • 155

4.4 창의는 힘들다, 유지하는 건 더 힘들다 • 162

4.5 '어디든 쫓아가 배워라' 초일류화의 시작 • 168

4.6 당연한 것은 없다 '생각의 틀을 깨라' • 174

Part 5. 글로벌 일류로 가는 길 • 181

5.1 일본도 삼성도 쓴맛 본 해외 진출 시행착오 • 182

5.2 신경영 철학과 월드 베스트 전략 • 188

5.3 이병철 회장의 앞서 간 '융합', 1등 TV 만들다 • 194

5.4 '앞서 본 위기는 기회' 삼성SDI의 혁신 • 200

5.5 혁신 성공과 '대만대첩'의 승리 • 206

5.6 '타도 소니' 1년 만에 적자에서 100억 흑자로 • 212

Part 6. 위기를 넘는 혁신의 힘 • 219

6.1 '현재'는 다 바꾸고 '미래'를 연구하라 • 220

6.2 구조조정의 아픔, '후안흑심'도 필요 • 226

6.3 삼성종합기술원, '가슴 뛰는 목표'를 주다 • 232

6.4 세종대왕에게 배운 한국형 리더십 • 240

6.5 '펄떡이는 물고기처럼' 즐기며 일하게 하라 • 246

6.6 소통이 곧 결과다 '와글와글 미팅' • 252

6.7 일본 기업 몰락의 이유, 리더십과 변화의 부재 • 258

6.8 사람을 바꾸는 리더십, 삼성인력개발원장 시절 • 265

○ **에필로그** | 한류4.0을 위한 혁신 '행복나눔125' 운동 • **270**

이건희 회장과 함께한 '신경영', 한국 혁신 경영의 새 역사를 쓰다

경영은 예술과 같다. 최고경영자(CEO)를 비롯해 기업에서 일하는 임직원 하나하나의 피와 땀이 모여 이뤄 낸 결정체가 바로 경영이기 때문이다. 기술 경영, 창조 경영, 디자인 경영 등 경영의 기법과 방식을 일컫는 용어들도 시대의 변화와 함께 나타났다 사라지곤 한다.

한국에서도 이제 '기술 경영'(MOT, Management of Technology)이란 말이 낯설지 않게 됐다. 그만큼 국제무대에서 우리 기업의 성장세가 눈부시다는 것을 방증하는 것이리라. 과분하지만 필자 역시 기술 경영을 논할 때 빠지지 않고 등장하는 편이다. 서울대학교 기계공학과 졸업 이후 한국비료와 제2종합제철을 거쳐 삼성전자에 입사한 것이 1975년이다. 이후 삼성SDI 사장, 삼성종합기술원장, 삼성인력개발원장 등을 역임해 오며 정통 '삼성맨'이라는 별명을 얻기도 했다.

한 기업에 입사해 CEO의 자리에까지 오른 것 자체로 성공적인 직장 생활이라 할 수 있겠지만, 삼성에서 일하며 무엇보다 자랑스럽고 가치 있었던 일은 창업자 이병철 회장과 이건희 회장을 모두 보좌하며 삼성의 기술과 경영 혁신 과정을 온몸으로 경험했다는 점이다. 엔지니어 출신이 CEO 자리까지 오른 덕에 기술과 경영을 접목하고 이론과 실제를 겸비한 몇 안 되는 선구자이자 1세대로 평가받고 있다. 부끄럽지만 '식스시그마 전도사' '한국의 잭 웰치' '최고의 테크노 CEO' 같은 별명도 자랑스럽기는 매한가지다.

선진 기업, 일류 기업과 후진 기업, 보통 기업의 차이는 무엇일까. 이 질문을 깊게 파고들다 보면 결국 '기업은 사람이다'라는 말로 귀결된다. 기업을 이끄는 사람의 차이는 곧 리더십의 차이다. 역사를 통해 보면 리더십의 중요성을 인식하고 체계적인 리더 육성에 힘써 온 국가나 기업은 뭐가 달라도 달랐다. 리더는 시대적 변화, 즉 천시(天時)·지리(地利)·인화(人和)의 변화를 인식하고 이에 대응하는 비전과 목표, 전략을 세우고 남다른 방법으로 조직원들을 무장시켜 꿈을 이뤄 가는 사람이다. 그렇다면 남다른 방법이란 무엇인가.

《로마인 이야기》를 쓴 시오노 나나미는 단절의 문화를 가진 동양은 계승 발전의 문화를 지닌 서양에 뒤질 수밖에 없어 찬란한 고대 문명을 갖고서도 굴욕의 근세를 겪어야 했다고 해석했다. 서양의 경우, 알렉산더 대왕의 전법을 한니발이 계승 발전해 로마를 침공하고,

이를 스키피오가 업그레이드해 한니발을 패망시키고, 이를 다시 카이사르가 계승 발전해 로마 시대를 열었다는 것이다.

혁신 경영도 마찬가지다. 혁신은 전 세계에서 앞서 가는 방법들을 찾아내거나 스스로 개발해 활용하는 과정을 말한다. 이렇게 함으로써 더 좋고, 더 싸고, 더 빠르게 고객의 가치를 창조하는 경쟁 우위를 만들 수 있는 것이다.

대한민국은 1960년대 개발도상국 시절을 거치며 고도성장, 한강의 기적을 일궈 낸 나라다. 성공적인 산업화 모델을 통해 농경사회에서 산업사회로 탈바꿈했다. 그 과정에서 수많은 설비 투자가 이루어졌고 규모의 경제, 낮은 노동 비용, 수출 주도의 경제체제도 만들어졌다.

경제 발전 과정에서 수많은 방법론들이 도입돼 활용됐다. 지난 40년을 돌이켜 보면 매우 적극적으로 선진국의 혁신 방법을 도입하고 변화·발전시킨 기업은 글로벌 스탠더드를 넘어 세계적인 기업이 됐다.

이에 비해 전체 기업의 99%, 종사자 수로는 87%를 차지하는 절대 다수의 중소기업들은 어떠한가?(출처: 중소기업중앙회, 〈2012년도 중소기업현황〉, www.kbiz.or.kr) 수많은 중소기업 현장을 가 보면 너무나도 뒤처져 있는 것이 사실이다. 삼성전자도 처음엔 중소기업이었다. 똑같이 출발했지만 어떤 기업은 세계 일류, 어떤 기업은 후진적 체제를 벗어나지 못한 것이다. 이를 바꿔 말하면 지금의 일류 기업들이 그랬듯 모든 기업이 혁신의 방법을 배운다면 달라질 수 있다는 뜻이기도 하다.

돌멩이를 들고 싸우는 사람이 총을 들고 싸우는 사람을 이길 수 없다. 좋은 방법이 없으면 결국 성공할 수 없다는 뜻이다. 그런데 우리는 언제부턴가 방법론의 중요성을 간과하기 시작했다. 제목 정도를 알고, 몇 번 들은 것을 가지고 '다 알고 있다'고 착각하는 것이다.

실제로 혁신은 가장 앞서 가는 방법론을 도입해 성과를 내고 체질화하는 것이다. 그저 '아는 것'과 다르다. 예를 들어 바둑을 둘 때 정석은 공부하지 않고 일류 기사의 기보만 연구하는 것이 지금 많은 기업의 모습이 아닐까 우려된다.

삼성의 역사는 한국 혁신 경영의 역사라고 해도 과언이 아니다.

고(故) 이병철 회장의 창업 이념 중 하나가 '합리 추구'였다. 이것은 합리적인 변화 관리, 즉 혁신을 말한다. 새로운 방법론을 끊임없이 받아들이고 도전하는 문화가 창업 이념에 깔려 있었다. 이 회장은 앞서 가는 사람의 말을 듣고 이를 조직 문화에 도입하고 정착시키려 애썼다.

이건희 회장의 '신경영'도 마찬가지다. 장장 68일에 걸쳐 유럽과 일본을 다니면서 선진 기업을 벤치마킹한 여정은 세계 기업 역사상 유례가 없는 일이다. 임원 200여 명을 데리고 68일 동안 오직 벤치마킹만 하러 다녔던 것이다. 하지만 그 과정과 결과를 분석하고 체계화한 연구 자체가 한국에는 없다.

창업자인 이병철 회장은 '인재 제일'에 더 많은 정성을 기울인 분이다. 기업은 결국 사람이라고 말하지만 이를 실천하기는 쉽지 않다. 이 회장은 한국에서 처음으로 공채 제도를 시작했고, 연수원을 만들어 조직적인 직원 교육에 힘썼다. 삼성 공채 1기는 1957년에 뽑았는데 직원 연수원이 따로 없어 외부에 위탁 교육을 맡기기까지 했다. 좋은 사람을 뽑아 잘 교육시키면 회사의 성장 동력이 된다는 믿음이 있었기에 가능한 일이었다. 삼성의 인재 개발 틀을 만든 것도 창업자다.

이건희 회장의 신경영은 훌륭한 인재들에게 혁신의 방법론을 가르쳐 주었다. 똑같이 건강한 사람이라도 각각 삽·쟁기·트랙터·비행기 중 무엇을 주느냐에 따라 농사의 성과와 스케일이 달라진다.

우린 왜 방법론을 소중하게 여기지 않을까. 한국적인 혁신 방법을 연구하는 사람도, 컨설팅 회사도 없다. 언제까지 다른 나라의 것을 배워다 따라하는 수준에 머무를 수는 없다. 게다가 관습적인 틀을 벗어나지 못하면 일류 기업이나 선진 기업은 먼 얘기가 될 수밖에 없다. 미국에 식스시그마, 일본에 도요타 방식, 러시아에 트리즈(TRIZ, 실타래처럼 얽힌 문제도 간단한 몇 가지 원리로 해결할 수 있다는 혁신 방법론)가 있다면 한국에는 무엇이 있을까 깊이 고민해야 한다.

생각해 보면 나는 정말 행운아다. 혁신의 과정에서 항상 팀원으로 일했기 때문이다. 특히 1993년 6월 신경영 기행이 독일에서 시작될 때는 이건희 회장의 수행팀장을 맡았다. 당시 비서실 소속으로 전자 부문 전략기획팀장을 맡았기에 가능했다. 신경영을 함께한 건 굉장히 값진 경험이었다. 20세기 들어 이건희 회장과 같은 변화의 리더십을 보여 준 사람이 없었는데, 그 과정을 함께한 건 행운이라고밖에 말할 수 없다.

이병철 회장은 나를 삼성전기에 보내 "5년 동안 10배로 키우라"는 특명을 내렸다. 1982년 당시 삼성전기는 TV 부품 네 가지를 만들며 매출액 300억 원에 머무르던 작은 회사였다. 이를 1987년까지 3,000억 원으로 키우라는 소리였다.

매년 67%씩 성장해야 가능했던 미션이었다. 25개 신규 사업을 도입하고 기존 사업도 확장했다. 그때 나는 생산·기술 총괄을 맡고 있었다. 셀 수 없을 정도로 많은 시행착오를 겪으며 경험을 쌓았다. 이러한 특명을 받아 수행하는 기회를 가진 것 역시 굉장한 행운이자 정말 감사해야 할 경험이다.

삼성에서 마지막 6년간, 삼성종합기술원장으로 5년의 최장수 기록을 세우고, 삼성인력개발원장으로 1년을 보냈다. 당시 삼성인력개발원은 부원장 체제로 운영되고 있었으므로 영광스럽게도 최초의 원장이었다. 삼성의 백년대계를 기술과 사람이라고 보면, 두 가지를 모두 온전히 경험한 셈이다. 기술원 5년 덕택에 기술 경영 전문가가 됐고, 인력개발원 덕에 사람 관리, 특히 리더십에 눈을 뜰 수 있었다.

이 책은 한국경제신문의 경제 주간지 〈한경비즈니스〉에 실린 필자의 40년 '혁신 경영 이야기'를 새로이 단행본으로 엮은 것이다. 이번 회고록이 한국형 혁신 경영의 체계화로 이어져 많은 후배 CEO들에게 도움이 되는 첫 단추가 되길 진심으로 바란다. 특히 중소기업의 경영자들이 혁신의 흐름과 구조를 이해하고 기업에 알맞은 혁신 방법을 도입하여 강소기업, 글로벌 기업으로 성장하는 데 작은 도움이라도 된다면 참으로 감사한 일이라 생각한다.

연재 기사부터 출간까지, 인터뷰와 글을 다듬는 데 함께한 장진원 기자와 책을 만드는 데 힘써 준 ㈜대성에 감사드린다.

—손욱

Part 1

리더가
세상을 바꾼다

1.1

역사 속에서 배운
유연한 사고와 리더십

내가 태어난 해는 8·15광복을 맞았던 1945년이다. 당시 아버지는 중국의 만주 철도에서 엔지니어로 일하셨는데, 그 덕분에 내 고향은 대한민국이 아닌 중국 베이징(北京)이 되었다. 기억에도 없는 두 살배기 아기 시절이지만, 우리 집은 베이징 역 근처 철도 관사에서 살았다.

당시 베이징에는 한국(조선)인과 일본인 그리고 중국인들이 함께 어울려 살았는데, 광복(일본 입장에선 패망) 직후 모두 화차를 타고 다롄(大連)으로 이동했다고 한다. 우린 그곳에서 다시 미군의 수송선을 타고 인천으로 향했다.

부모님은 당시 귀국 행렬에 나섰던 한국인과 일본인들의 차이를 여러 번 들려주셨다. 부모님이 늘 하시던 얘기는 "베이징 역에 가 보니 그 추운 날 한국인은 아무 준비 없이 자기 보따리만 가져왔더라"는 말이었다. 그 덕분에 난 기억에도 없는 어릴 적 일을 지금까지도 눈으로 본 듯 생생하게 떠올릴 수 있다.

귀국에 나선 사람들은 한국, 일본 가릴 것 없이 살던 번지별로 열차 호수를 통보받았다. 제 식구 챙기기에 급급한 한국인들과 달리 일본 사람들은 정해진 칸별로 따로 모여 철저히 귀국 준비를 했다고 한다. 이를테면 지붕이 없는 열차인 것을 알고 화물차에 기둥을 설치하고 이불을 뜯어 이어 뚜껑을 만드는 식이었다. 일본인들은 심지어 화장실 칸까지 따로 준비했다. 오르내리는 사다리를 만들어 노약자를 배려했고 음식물도 조직적으로 준비하고 대응했다. 비록 패전 국민이었지만 귀국길만은 굉장히 안락한 여행자의 모습이었다.

하지만 한국 사람들은 그저 제 손에 쥔 보따리뿐이었다. 추운 겨울, 지붕도 없는 열차로 다롄까지 가는 길이 얼마나 고생스러웠을지는 생각만 해도 뻔하다.

어릴 적부터 수도 없이 들었던 베이징 탈출 이야기. 어느 정도 철이 들면서부터 난 앞서 가는 국민이란 어떤 것인지, 조직화된 훈련이 얼마나 중요한지, 일하는 방법을 달리하면 효율이 얼마나 오르는지 생각하게 됐다. 그게 바로 선진 국민과 그렇지 않은 국민과의 차이였다.

귀국 후인 1950년, 우리 집은 서울 신당동에 자리를 잡았다. 당시 까까머리 아이들이 할 수 있는 것이라곤 전쟁놀이밖에 없었다. 보고 들은 게 전쟁뿐이었기 때문이다. 하루 종일 새로운 전략을 짜고, 상대를 이기기 위한 방법을 찾았다. 전략을 세우는 일로 하루를 다 보냈다고 해도 과언이 아닐 정도였다. 남들보다 비교적 유연한 발상과 전략적·창의적 사고를 가지게 된 데에는 당시의 경험이 무엇보다 중요한 자양분이 됐다고 생각한다.

1·4후퇴로 피란을 간 밀양에도 기차역이 있었다. 동네에서 10리쯤(약 4킬로미터) 떨어진 청도군에 5일장이 섰는데, 이웃 동네 아이들끼리 끊임없이 주도권 싸움을 벌였던 기억이 난다. 장터에 갈 때면 으레 여러 명이 팀을 이뤄 갔고, 기차를 탈 때도 마찬가지였다.

서울 아이 따라잡은
촌놈의 경쟁력

초등학교 5학년 겨울에 아버지는 다시 서울로 올라와 관훈동에 집을 마련하셨다. 시골에서 매일 들로 산으로 뛰어다니던 촌놈은 서울 학교로 전학을 오자마자 꼴등을 했다. 시골 아이들과 달리 서울 아이들은 오래전부터 일류 중학에 가기 위한 입시 전쟁으로 공부벌레가 되어 있었다.

그때부터 난 거리낌 없이 쏘다니던 생활 방식 대신 서울 아이들처럼 콕 틀어박혀 꼴찌 탈출을 위해 밤낮없이 공부에 매달렸다. 다행히 6학년 2학기에 이르자 성적이 좋아져 반장도 맡았다. 내가 다닌 교동국민학교는 당시 일류 학교였는데, 1학기 중간쯤 나는 1, 2등을 다툴 정도가 된 것이다.

돌이켜 보면 서울 아이들을 금방 따라잡을 수 있었던 건, 자연 속에서 건강하게 키운 체력 덕분이 아니었을까 싶다. 정신적으로 온전히 집중할 수 있는 체력만큼은 누구보다 자신이 있었기 때문이다. 대자연 속에서 자유분방하게 지냈던 학생이 마음먹고 집중하면 오히려 놀라운 결과를 가져올 수 있다는 걸 난 체험으로 깨달았다.

얼마 전 읽은 《일본전산 이야기》가 생각난다. 이 회사는 신입 사원을 뽑을 때 창의적이고 도전 정신이 강한 인재를 뽑는 것으로 유명하다. 다양성 속에서 독창적 경쟁력을 키워 내는 조직 문화가 바로 일본전산의 힘이다.

어떤 해는 운동선수만 뽑고, 어떤 해는 대학 낙제 경험이 있는 학생들만 뽑는 채용 방식은 우리에겐 무척이나 낯설다. 낙제생에게 "그것을 후회하는가, 다음에는 어떻게 하겠나"라는 질문을 던져 "후회하고 공부하겠다"는 사람은 모두 떨어뜨렸다고 한다. 대신 "다음에도 그렇게 의지대로 하겠다"는 사람만 뽑았다는 일본전산은 전 세계 그 어느 기업보다 강한 인재 경쟁력으로 세계 정밀 소형 모터 시장의 90%를 점유하고 있다.

1.2

내가 사소한 일에
목숨 거는 이유

나는 초등학교 때부터 기초가 부족해 남들보다 고생했는데, 이런 사정은 고교 시절까지 계속 이어졌다. 당시 경기고등학교는 전국의 수재들이 모인 곳이었다. 역시나 바닥에서 출발해 3학년에 이르러서야 비로소 반에서 1, 2등을 다툴 수 있게 됐다.

당시만 해도 성적순으로 대학교와 과를 정하고 원서를 써 주던 시절이었다. 가장 우수한 성적은 화학공학과로 몰렸다. 다음이 기계과 그리고 전기과 순이었다. 내 성적은 기계과 순번이었다. 그렇다고 무조건 성적순으로 택한 전공은 아니었다. 돌이켜 보건대 내가 기계과를 선택한 것은 자연스럽게 아버지의 영향을 받은 것 같다. 아버지는 "기계는 모든 기술의 기본이고 중심이다. 기계 공부를 해 보는 것도 좋을 것"이라고 말씀하셨다.

그때 화학공학과에 갔던 친구들은 미국 유학을 가선 경제학 같은 분야로 전공을 바꾼 친구가 많았다. 시대가 돌아 지금은 재료·화학 공학 분야가 다시 각광받고 있지만 당시 선진국에서는 화학공학의 시대가 저물고 있었던 것이다. 그러나 기계는 그때나 지금이나 늘 한결같다. 산업의 기본이기 때문이다.

고교 시절까지 등수 따라잡기로 세월을 보낸 반작용이었는지, 대학에 가선 노는 일에만 열심이었다. 신입생 때부터 사람을 끌어모으는 일을 벌이는 데 앞장섰다. 과 대표를 맡아 가장 처음 거둔 성과는 만년 꼴찌였던 과 대항 줄다리기 대회에서 우승한 것이었다.

50명 정원의 기계과가 20명의 조선항공과에 매번 지는 이유를 알수 없었다. 1학년들이 주도하여 한번 도전해 보기로 했다. '무거운 사람이 앞에 설 것인가' '당기는 각도를 몇 도로 해야 유리한가' 등 연구에 연구를 거듭했다. 결국 우승을 차지해 과 전체가 단합하는 계기가 됐다.

4학년이 되니 기업체 실습이 기다리고 있었다. 내가 나간 곳은 한영모터공업이란 곳으로, 지금 효성중공업의 전신이다. 우리 같은 실습 학생들이 회사에 도움이 됐을 리 만무하지만 월급도 받았다. 한 학기 동안 이뤄진 실습 기간 동안 참으로 많은 걸 배웠다. 요즘은 이런 제도가 많이 사라져 무척 아쉬울 뿐이다.

당시 한영모터공업은 미국의 웨스팅하우스와 기술 제휴를 맺어

최신 기술을 들여왔다. 그런데 코드를 입력하면 자동으로 돌아가는 수치제어 기계들을 들여놓고도 모두 수동으로 사용하고 있는 게 아닌가. 숙련된 기술자들이었지만 자동화에 대한 두려움, 교육·훈련 부족 때문에 '수동이 편하다'며 그렇게 쓰고 있었던 것이다.

세상에 **쓸모없는 일**은 단 하나도 **없다**

그때 공장을 책임졌던 김정배 부장은 삼성SDI에서 바로 나의 전임 사장이셨던 분이다. 실습 기간 동안 이분께 보고를 올리고 지도도 받았다. 6개월의 짧은 인연은 10여 년이 흘러 1970년대 말 삼성에서 다시 직속 상사의 관계로 이어졌다. 사람의 인연이란 것이 이런 건가 싶다. 작은 만남도 소홀히 해선 안 된다. 어떤 관계든 항상 최선을 다해야 하는 것이 바로 사람의 인연이다.

4학년 때인 1966년 겨울에 삼성 입사시험을 치렀다. 전공 시험 문제를 보니 공작기계를 실습했던 내용들이 거의 다 나왔다. 나중에 듣고 보니 입사 성적이 매우 우수했다고 한다. '만약 실습을 제대로 안 했더라면' 하는 생각이 들었다.

사람이 살아가는 데 쓸모없는 일은 하나도 없다. 그 후로 나는 "사소한 것에 목숨 걸자"라고 항상 얘기한다. 그래야 큰일이 맡겨진다는 걸 알기 때문이다. 어떤 일이든 당시에 최선을 다하면 그것이 나중에는 내 일의 기반이 되는 것이다.

대학 때 내가 벌인 일들은 공부와 거리가 먼 것들뿐이었다. 자치 회장 활동을 하거나 놀러 다닌 기억이 대부분이다. 하지만 사회에 나와 보니 그때 다양한 경험을 통해 배웠던 기본적인 소양들 덕분에 어떤 일이든 남보다 잘 적응할 수 있었다. 학업을 계속해 교수가 된 사람과 다양하고 새로운 경험을 하며 지냈던 사람의 갈림길이 이미 학교생활에서부터 시작된 게 아닌가 싶다.

공부도 중요하지만 조직·사회생활도 이 못지않게 중요하다. 미국은 인재 채용 때 학생회 활동, 봉사 활동 등 다양한 사회 경험을 굉장히 높게 평가한다. 사회를 체험하고 시스템을 경험하는 것이 그만큼 중요하다는 뜻이다.

1.3

잘 훈련된 병사만이
위기를 넘는다

내가 삼성에 입사한 건 1967년 1월 12일이
었다. 두 달 정도 신입 사원 교육을 받았
는데 제일모직 공장에서 2주를 지냈고, 제일제당과 한국비료 등도
신입 사원들이 반드시 거쳐야 할 공장이었다. 내 입사 기수인 공채 8
기 전에는 군필자만 뽑았다고 한다. 하지만 8기부터 처음으로 육군
학군장교(ROTC) 후보생들을 입대 직전에 채용하는 제도가 생겼다.

당시의 연수 내용은 기업별 각 공정의 내용, 공장의 파트별 작업
등이었다. '모직'과 '제당'이라는 두 개 회사에서 전체 프로세스를 한
번씩 돌아볼 수 있는 기회였는데, 지금 생각해도 상당히 좋은 교육
체계였다.

요즘은 공장 돌아보는 것을 견학하듯 한다. 공장에서 무언가 배운다는 생각을 통 안 한다. 즉 현장을 모른다는 뜻이다. 예전에는 현장의 바닥부터 이해시키는 것이 연수의 시작이었다. 지금 삼성에선 한 달간 집체 교육을 받는데, 옛날처럼 짜임새 있게 일일이 공정 교육을 받는 건 아니다. 뭔가 부족하지 않나 싶다.

선배들도 후배들을 열정으로 가르치려고 노력했다. 저녁에는 연수생들이 여관에 모여 지냈기 때문에 한방에서 뒹굴면서 자연스럽게 동료애도 커졌다. 요즘은 호텔식 시스템이어서 밤새 대화를 나누는 옛날 같은 낭만은 없다고 한다.

연수 기간 동안 쌓은 선후배 간 상호 네트워크는 실제 업무 현장에서 시너지 효과를 창출했다. 지금은 효율과 시간에만 쫓긴다. '빨리빨리'도 좋지만 시행착오가 잦아지면 오히려 손해일 수도 있다.

기계과 출신이 공병대 간 까닭

기계과 출신으로 군대에서 병기과가 아니라 공병대로 배정받은 건 내가 유일했다. 학군단 간부의 물품 납품 청탁을 거절한 대가였다. 하지만 지나고 나니 내 인생에서 공병부대 경험만큼 좋은 학습 기회도 없었던 듯하다.

바로 '참모'의 역할을 처음 경험했기 때문이다. 병기는 관리행정이지만 공병은 전투병과다. 1개 사단 안에 1개 공병대대가 있는데,

공병대대장은 장벽을 설치하고 도로, 시설 공사를 하는 라인 업무와 사단장을 보좌하는 공병참모의 역할을 함께 담당한다. 공병대대 안에도 공사와 전투부대의 역할을 하는 3개 중대 외에 정보, 작전 등의 역할을 맡는 참모부대가 따로 있다.

난 대대 참모부에서 작전장교 보좌관으로 일했다. 사단 작전참모부와도 긴밀히 협력했고 작전 수립에도 참여할 수 있었다. 제대 후 기업에서 기획통·전략통으로 자리한 시발점이었다. 세상에 가치 없고 쓸모없는 경험은 없다. 다만 그 경험을 긍정적으로 생각하느냐 부정적으로 생각하느냐 하는 생각의 차이일 뿐이다.

3월 2일 임관하여 김해에 있는 공병학교로 갔다. 그곳엔 불도저·발전기·폭파기 등 건설 장비들이 갖춰져 있었다. 장비를 접한 나는 기술을 가르치는 교수가 되고 싶었다. 선배에게 방법을 물으니 "간단하다. 졸업할 때 1~3등 안에 들기만 하면 된다"고 했다. 쉽지 않지만 해볼 만하다는 생각이 들었다. 열심히 공부했고 졸업 시 1등을 해 참모총장상을 받았다.

한껏 들떠 있던 내게 한 선배가 "큰일 났다"고 말했다. 최근 들어 북한군의 움직임이 심상치 않아 특별히 우수한 장교들을 성적순으로 전방에 배치하라는 특명이 내려왔다는 것이었다. 실제로 그 다음 해인 1968년 김신조 일당이 청와대를 습격하려는 사건이 일어났다. 고향집 가까운 곳에서 편히 지내려던 계획이 완전히 뒤집어졌다.

배치받은 부대는 그나마 후방인 의정부 근처에 있는 사단 공병대대였다. 공병은 공병단(공병 전문부대)과 사단 안에 있는 공병대대로 나뉜다. 내가 배치된 사단 공병대대는 의정부에서 자동차로 10분 이내로, 서울에서 제일 가까운 공병부대였다.

김신조 일당의 남침은 실질적인 부대 작전 지휘를 해 본 계기가 되기도 했다. 입대한 지 1년쯤 지난 후인 1968년 1월 21일, 김신조는 마침 의정부 일대로 넘어왔고, 우리 부대는 서울로 진입하는 송추 도로를 막는 임무를 맡았다.

김신조 일당은 무장 상태로 산길을 시속 12킬로미터로 주파했다. 그에 비해 우리 군은 시간당 4킬로미터를 표준으로 하고 있었다. 노고산에 무장공비가 나타났다는 정보 보고를 듣고 송추 도로를 막았다. 남하할 시간을 계산해 북쪽만 보고 있었던 것이다. 시간당 6킬로미터로 계산해서 충분한 여유가 있다고 판단했다. 그러나 저녁이 되자 이미 청와대 근처에서 충돌이 있었다는 보고가 들어와 우리는 그 자리에서 돌아서서 남쪽 방향을 경계하게 되었다. 철저한 훈련이라는 게 그렇게 대단한 것이었다.

훈련된 **용사**와 **오합지졸**의 차이

결국 뿔뿔이 흩어진 공비들은 북쪽으로 도망쳤다. 남침 시 하나의 루트만 가르치기 때문에, 그들이 택할 수 있는 길도 내려온 길뿐이었다. 당연히 그 골목을 지키는 것이 우리의 임무였다.

하지만 엄동설한이라 대부분의 진지에서 불을 지피고 말았다. 공비들은 바로 그 불을 보고 초소 사이를 빠져나갔다. 그들은 화장품이나 비누도 안 써 냄새만으로도 사람이 있는 곳을 알아 용케 도망다닐 수 있었다. 어쩌다 공비를 발견한다고 해도 허공에 총을 쏘는 경우가 다반사였다. 훈련이 안 되어 있었기 때문이다. 반면 공비들은 총탄으로 논둑 위에 먼지가 튈 정도로 정확하게 쐈다. 뛰다가 돌아서서 쏘는데도 가히 서부활극에 나오는 명사수 수준이었다.

평상시 훈련된 부대와 그렇지 않은 부대는 나라의 흥망을 좌우한다는 깨달음을 얻을 수 있었다. 기업도 마찬가지다. 품질·생산 관리가 평상시에는 문제없어 보여도, 잘못된 부품 하나나 사소한 실수로 불량품이 쏟아질 수 있다.

항상 실전과 똑같은 훈련으로 체득시켜 습관이 돼야 한다. 군에선 모든 지휘관들이 평상시 평화 속에 있다가도 전시가 되면 자신이 할 일을 정확하게 인식하고 몸으로 체득해 두어야 한다. 그렇지 않으면 위기가 닥쳤을 때 혼란에 빠지기 마련이다.

합리적 리더가
조직을 바꾼다

공병학교에서 좋은 성적을 받은 덕분인지 곧 작전참모 보좌관으로 명을 받았다. 3개의 중대 중 본부중대에 속했는데, 본부중대는 다시 S1부터 S4로 나뉘었다. 인사·정보·작전·군수 등 네 명의 참모가 모여 작전을 실행하는 시스템이다. 나는 S3, 즉 교육·작전 파트였다.

참모가 되기 전에는 항상 작업 중대, 즉 라인 부대만 생각했다. 그런데 알고 보니 라인을 움직이는 브레인이 바로 참모였다.

중소기업을 보면 10명 이하 사업장이 전체 기업의 93% 정도다(출처: 〈2012년도 중소기업 현황〉). 군대로 치면 1개 분대급이다. 소대면 40명인데, 이쯤이면 소대장이 대원들의 얼굴은 물론 특성까지 다 알 수 있다. 중대장만 돼도 120~150명인데, 여기까지도 컨트롤이 된다. 대대로 올라가면 500명이 넘어간다. 중대장도 4명에, 소대장도 많아진다. 즉 최고경영자(대대장, 기업에선 CEO)가 한 사람 한 사람의 특징과 역량을 일일이 파악해 배치하는 게 힘들어진다는 뜻이다. 그래서 참모를 두고 라인이 제대로 돌아가도록 전략을 짜고 관리하는 것이다.

중소기업에서 직원 수가 300~1,000명 정도가 되는 중견기업으로 성장하지 못하는 기업이 부지기수다. 오히려 외형이 커지면서 망하는 곳도 많다. 결국은 CEO의 리더십이 문제다. 라인만 거느리는 조직은 성공하기 힘들다. 참모를 활용해 그들의 말을 경청하고, 좋은 계획·작전을 수립하게 하고, CEO 대신 관리하게 해야 한다. 중견기업으로 크지 못한 기업은 이를 모르는 경우가 많다.

1997~2007년의 10년 사이, 중소기업에서 중견기업으로 성장한 곳은 119개다. 하지만 전체 중견기업 숫자는 오히려 110개가 줄었다. 그 사이 도태된 기업이 229개란 뜻이다. 가만히 들여다보면 훌륭한 참모를 자랑스럽게 생각하는 CEO를 찾아보기 힘들다.

모두 자기만 생각하고 자기 식대로만 경영한다. 그에 비하면 이병철 회장은 50년대에 이미 '비서실'이라는 참모 조직을 두었다. '참모'

라는 조직조차 생소했던 때에 이병철 회장은 이미 비서실이라는 조직을 만든 것이다. 큰 틀은 회장이 짜고, 비서실이 세부 경영 계획과 미래 전략을 짜는 시스템과 문화가 일찍부터 삼성에 자리잡게 된 배경이다.

조직을 살리는 신뢰의 힘

군 생활 말년에는 역시 김신조의 공(?)으로 제대를 3개월 더 기다려야 했다. ROTC 후배 장교들이 부임해 와서 우리는 별다른 업무도 없이 창고의 목재 위에 모여 앉아 사회 진출 계획을 이야기하며 소일하던 기간이었다. 새벽까지 이야기가 깊어지는 동안, 막사에 있던 병사들이 팬티 바람으로 뛰어나오는 것이 보였다. 그러려니 하고 넘기려고 했는데 밤늦도록 그런 상황이 계속됐다. 결국 얼차려 받는 병사를 불러 이유를 물었다. 답은 빤했다. 선임하사가 시켰다는 것이다. 막사에 가 보니 그는 이미 술에 취해 곯아떨어져 있었다. "술만 마시면 저러는데 미치겠다"는 불만이 여기저기서 터져 나왔다.

2년간 알고 지냈던 그 선임하사는 모범적이라고 소문난 사람이었다. 그런 그가 술에 취해 사병들을 괴롭힐 줄은 꿈에도 몰랐다. 병사들을 재우고 선임하사를 불러 거꾸로 혼을 냈다. 중간 간부(소대장)가 말단 사원(사병)을 현장에서 챙기지 못하는 경우의 전형이다.

아무리 위에서 교화하고 관리하더라도 중간에서 사고를 치면 밑바닥에선 엄청난 고난을 당하게 된다. 현장 사원들의 얘기를 들어주고 중간 관리자들을 제대로 교육하는 것은 그래서 무엇보다 중요하다.

1987년 무렵부터 노사분규가 극심해졌다. 노태우 정권이 들어서면서부터는 더욱 격화됐다. 삼성전기도 안전한 곳은 아니었다. 분규를 우려한 간부들은 사원들이 모이는 것 자체를 금지했다. 모이면 큰 소동이 일어날 것이란 걱정이 앞섰던 것이다. 그래서 다들 식사시간을 제일 무서워했다. 그들은 한 달에 한두 번 식당에서 상영하던 영화도 중단해야 한다고 했다. 나는 단호하게 반대했다.

"그게 무슨 소리입니까? 우린 사원들이 서로 신뢰하고, 그 풍토를 확인하는 일을 지금까지 해 왔습니다. 영화 상영을 중단하면 사원들이 우릴 못 믿는다고 할 것 아닙니까?"

결국 삼성전기에는 아무런 문제도 없었다. 사원들을 믿고 의지하자 오히려 그들이 앞장서 수상한 외부인들을 신고하기에 이르렀다. 서로 신뢰하고 인정해 주니 스스로 앞장서 관리하게 된 것이다. '인간 존중'이란 이런 것이다.

1.4

한국 역사상 최초의
글로벌 스탠더드

1967년 6월, 드디어 전역해 민간인이 되었
다. 전역 후 진로는 두 갈림길로 나뉘었다.
삼성으로 가느냐, 한국비료(이병철 회장이 1964년 설립했으나 1967년 비료
공장 준공과 함께 정부 관리 기업이 되었다. 1994년 삼성정밀화학으로 사명을 변경
했다. 이하 한비)로 가느냐였다.

당시 난 엔지니어로서의 기본을 삼성에서는 배우기 힘들다고 생각
했다. 고심 끝에 한비행을 택했다. 당시 한비는 산업은행에서 관리하
는 기업이었다. 동양 최대의 화학비료공장에서 현장을 제대로 배워
보자고 결심했다. 1967년 7월 1일, 전역 후 제대로 쉬지도 못하고 바
로 입사해 울산에서 근무를 시작했다. 내 사회생활의 첫걸음이다.

당시 대졸 신입 사원은 '선임기사'라고 해서 교대근무조를 관리하는 임무를 맡았다. 생산 부문의 조별(4조 3교대) 책임자가 있었고, 나는 정비 부문의 조별 책임자였다. 공장의 ABC도 모르는 '초짜'에게 책임자를 시킨 꼴이었지만 대졸자들은 수습 후 금방 3급으로 진급했다. 5급이 병이라면, 4급은 하사관이고 3급은 장교급이었다. 현장의 4급 기술자들은 몇십 년의 경력을 바탕으로 한 숙련된 테크니션들이었다. 그런 숙련공들을 관리하는 건 애초부터 무리였다. 오히려 그들에게서 거꾸로 현장을 배워 나갔다.

일례로 공장에 문제가 생기면 담당 조가 나서 해결해야 했다. 1개 조는 4급에 해당하는 숙련공 1명, 기계 수리공 1명, 기름칠 등 잡일을 맡는 오일러 등 4~5명이 한 팀으로 꾸려졌다.

기계는 적어도 8시간에 한 번씩은 점검해야 한다. 점검은 가동 중인 기계의 온도와 진동을 체크하는 것으로 이뤄진다. 그때 숙련공들이 들고 다니는 게 바로 청음봉이다. 초보는 아무리 들어도 당최 무슨 소리인지 모른다.

반면 숙련공은 소리만 듣고도 문제를 척척 파악했다. 온도 체크는 평소 끓인 물을 만져 보며 감을 익히는 훈련을 반복했다. 그런데도 소수점 단위로 맞히는 기막힌 재주꾼들이 많았다. 어떤 분야든 전문가는 이렇게 소중한 존재다. 작은 분야라고 하더라도 그 부문의 전문가를 존중하고 배워야 한다.

같이 일하던 조원 중 손재주가 무척 뛰어난 사람이 있었다. 항상 대기 시간에 대나무를 깎아 배를 만들곤 했는데, 몇 달을 걸려 만든 작품을 팔아 돈도 벌었다. 언뜻 보면 놀고먹는 것 같지만 실제로 그는 기가 막힌 역할을 맡고 있었다.

고압의 압력 용기 뚜껑은 새지 않는 게 생명이다. 맞닿은 면은 서브미크론 단위까지 평탄도를 유지해야 한다. 지름이 몇 미터에 달하는 크기인데, 정교한 측정 장비조차 없었다. 그걸 이 사람은 맨손으로 해냈다. 정비 기간이 되면 집에도 가지 않고 손바닥으로 용기를 스윽 만져 보고는 평탄한지, 새지는 않는지 알아내는 것이다. 그가 마무리한 기계는 절대 문제가 발생하지 않았다.

그 덕분에 공장의 고압 탱크는 모두 그의 차지였다. 한마디로 기막힌 장인이었다. 그를 모르는 사람들은 다른 직원들과 어울리지도 않고 배나 만든다고 생각할 것이다. 하지만 그런 인재는 평소에 잘 관리하지 않으면 놓치기 쉽다. 인재를 잘 알아보고 존중해야 하는 이유다.

어떤 일이든 전문가를 존중해야

한비 공장의 정기 보수 기간에는 현장에 어마어마하게 많은 사람과 장비가 끊임없이 들락날락한다. 순서와 절차, 품질과 규격, 일하는 방법과 사람의 배치를 과학적, 체계적으로 치밀하게 계획하고 관리해야 한다. 삼성SDI에 와서 보니 설비 개조나 보수를 추석이나 설날 등 연휴를 이용했는데 휴가 기간이 끝나서 가동에 들어가면 트러

블이나 불량품이 늘어나는 게 당연시됐다. 이를 정상으로 돌리는 데도 오랜 시간이 걸렸다. 그래서 한비에서 배웠던 시스템을 도입하여 처음부터 올바르게 계획하고 관리하도록 했더니 이런 부작용이 말끔히 사라졌다.

한비는 국내 기업 역사상 최초로 '글로벌 스탠더드'를 도입해 성공한 회사였다. 당시 대부분의 기업들은 일단 기계에 고장이 나야 수리에 들어갔다. 그런데 일본인들은 한비 공장을 지으며 우리에게 전혀 생소한 관리법을 가르쳐 줬다.

예를 들어 베어링은 일정 시간이 지나면 고장 나지 않더라도 교체하라는 식이었다. 전등 교체만 해도 달랐다. 이른바 '토털 프로덕티브 매니지먼트'(TPM, 전원이 참가하는 생산보전의 방법)에 따르면 2,000시간이 지나면 일괄적으로 전등을 교체해야 했다.

미국처럼 인건비가 비싼 곳에서는 전등을 갈아 끼우는 것도 큰 공사다. 하나하나 교체하느니, 아예 전문 시스템 회사에 맡겨 모두 바꿔 다는 것이다. 이런 시스템은 한두 개 따로 가는 것보다 훨씬 경제적이다. 모터 펌프도 항상 두 대가 병렬로 설치되어 있었다. 고장에 대비하여 예비를 가지고 있는 것이었다.

예방·보전을 하려면 부품을 타 와야 했다. 당시 한비의 부품 창고는 국내에서 제일 큰 규모였다. 정비 부품이 5만 개 품목으로, 장표도 5만 장이 갖춰져 있었다. 창고에서 근무하는 인원은 대여섯 명에 불과했지만 과학적 관리 시스템으로 어떤 부품이 몇 번 보관대에 있다는 걸 그들은 정확하게 파악하고 있었다.

적정 숫자가 모자라면 자동으로 발주해 예비품을 채워 놓았다. 당시 창고 직원들은 뒤로 돌아앉은 상태에서 보지도 않고 장표를 뽑을 정도로 숙련된 인력이었다. 이는 일본이 가진 세계 제일의 창고 관리 시스템을 성공적으로 도입한 사례기도 했다.

한비 공장의 설계 용역은 차관을 제공한 미쓰이그룹의 도요(東洋) 엔지니어링이 맡았다. 도요엔지니어링은 설립 후 5년간 세계적인 엔지니어링 회사들을 벤치마킹하며 글로벌 스탠다드의 시스템과 노하우 축적에 주력하고 있었고 한비가 그들이 맡은 최초의 수탁 사업이었다. 그들은 자신들이 준비해 온 것이 올바른 것인지 확인하고 싶어 했다. 그래서 우리에게 대신 그들의 모든 시스템, 보존·관리, 엔지니어 교육 등을 체계적으로 가르친 것이다. 이는 한비 공장이 성공적으로 운영된 가장 큰 배경이 됐다.

그 뒤로 어느 기업, 어느 창고에 가 봐도 그보다 더 잘된 창고는 못 본 것 같다. 창고 관리가 완벽하면 생산성은 엄청나게 오르기 마련이다. 컴퓨터가 보급된 지금도 그때보다 더 많은 인력이 같은 일을 하고 있다.

'신바람 경영'의 원조
박숙희 사장

1967년 11월 1일자로 박숙희 씨가 한비 사장으로 부임했다. 박 사장은 '신바람 경영'이 무엇인지 몸소 알려 준 경영인이었다. 박 사장은 산업은행·한국은행 부총재, 금융통화위원, 한국은행 총재 고문 등을 지낸 금융계의 거물로 당시 박정희 대통령의 큰 신뢰를 받고 있었다.

청와대가 대주주인 산업은행으로부터 한비를 보호하기 위해 박 사장을 내려보낸 것이었다. 실제로 박 사장은 대주주의 횡포(?)를 벗어난 초월적 권한을 달라고 얘기했다고 한다. 즉 경영권을 완벽히 보장받았다는 뜻이다.

그분의 직원 기 살리는 방법은 지금 생각해도 기가 막힌다. 당시 한비는 연간 생산능력이 33만 톤이었다. 박 사장은 "10% 증산하면 보너스를 100% 주겠다"고 공언했다. 보너스라는 말조차 생소하던 시절이다.

10%를 늘리기 위해선 정비·보수하는 시간까지 줄여야 했다. 조업 중 사고도 없어야 했다. 그런데 모든 직원들이 합심해 노력하자 연산 36만 톤 공장으로 변신할 수 있었다.

박 사장은 보너스를 일일이 다른 봉투에 넣어 주었는데, 교대 근무자에게는 격려금 봉투를 따로 만들었다. 업적이 좋은 사람은 또 다른 봉투를 받았다. 어떤 때는 봉투를 4개씩 챙기는 직원도 있었다. 당연히 직원들의 신바람은 하늘을 찔렀다.

여담이지만 박 사장이 떠나고 나서 인센티브 제도나 자율 경영 같은 문화는 사라졌다. 해군 장성 출신의 후임 사장은 "10% 향상시킨다고 어떻게 100%를 주느냐"며 보너스를 10%로 못 박았다.

그 후로 많은 인재들이 한비를 떠났다. 사원들의 주인의식과 조직 문화가 그렇게 무서운 것이다. 다시금 정부의 규제가 심해지고 마찰 없는 회사 만들기에만 급급하다 보니 사원들의 열정도 사라지고 말았다.

그때 이후로 지금도 한비(현 삼성정밀화학)가 일류 화학 기업으로 도약하고 제자리를 찾으려면 멀었다는 게 내 생각이다. 하지만 그에 대해 어느 누구도 반성하는 사람이 없다. 쉬운 말로 '비료야 원래 사양산업 아니었느냐'고 하겠지만 그 수많은 인재와 노력, 노하우로 할 수 있는 일이 얼마나 많았겠는가. 박숙희 사장의 이야기는 훌륭한 리더 1명이 기업의 생산성 10%를 좌우한다는 것을 증명한 사례다.

박태준 회장의
'하향온정' 리더십

한국비료에 있던 인재들이 너도나도 떠나니, 나 역시 좀이 쑤시기 시작했다. 최은순 대우국민차공장 전 사장은 내가 한비에 입사했을 당시 차장이었다. 중화학공업추진위원회(1973년 5월 국무총리를 위원장으로 관계 장관 및 각계 전문가를 모아 신설)에 제일 먼저 뽑혀 간 분도 바로 이분이었다.

하루는 이분이 울산에 내려와 나를 찾았다. 추진위에 가서 함께 일하자는 것이었다. 그렇지 않아도 내심 싱숭생숭하던 차에 바로 짐을 꾸려 상경했다. 추진위 사무실은 광화문 정부종합청사에 있었는데, 그곳에서 6개월을 일했다. 그러다 제2종합제철(1973년 제1제철인 포항제철에 이어 발족, 이후 1977년 포철에 합병됨)이 설립되고 기술 부문의 일을 맡게 됐다. 생판 모르는 제철을 공부하기 위해 포항제철(현 포스코. 이하 포철)이 있는 포항에 여러 번 내려갔다. 제2종합제철에는 포철 사람들도 많이 와 있었다. 포스코와의 인연이 시작된 계기다.

포철을 이끈 고(故) 박태준 회장은 잊을 수 없는 기업가다. 330만 5,000평방미터(100만 평)가 넘는 광활한 땅에서 벌어진 대역사가 일사불란하게 이뤄진 건 전적으로 박 회장의 능력 덕분이었다고 생각한다.

포철에 가 보니 총상황실에 도표가 죽 내려와 있고 각 담당자들의 보고 체계가 일사불란하게 잡혀 있었다. 단군 이래 최대 공사라는 포항제철소 건설 작업이 과학적인 계획 관리 시스템으로 일목요연하게 한 치의 오차도 없이 추진되고 있는 것이었다. 포스코는 당시 PERT/CPM(비용을 적게 사용하면서 최단 시간 내 계획 완성을 위한 프로젝트 일정 관리 방법)이라는 최첨단의 종합적 계획 관리 기법을 도입하여 활용하고 있었다. 모든 계획을 과학적으로 세우고 하루에 한 번씩 모두 모여 조정했다.

직원들에 대한 복리 후생도 당시의 기업들과 비교를 불허할 정도였다. 일례로 한비는 엔지니어들을 중심으로 기숙사를 지었다. 하지만 포철에 가 보니 돈이 없어 난리 치는 와중에도 전 사원들에게 주택을 다 지어 줬다. 애사심은 생활이 안정되는 데서 출발한다. 자녀들의 교육도 마찬가지다. 당시 이미 포철은 사원 자녀들을 위한 학교를 다 세워 둔 상태였다. 놀라지 않을 수 없었다. 현재 포스코 주변 주택단지들은 분양을 거쳐 모두 개인 재산이 됐다.

'제철 입국, 사업 보국, 우향우 정신(대일 청구권 자금으로 건설하는 제철소이므로 실패하면 우향우해서 영일만에 투신할 각오를 하라는 데서 나온 말)'이라는 큰 소명감, 여기에 직원들을 끊임없이 배려하는 리더의 하향온정이 있었기에 포철은 성공할 수 있었다. 사원들에 대한 박 회장의 사랑은 실로 대단했다. 군 시절 터득했을 것이라고 짐작되는데, 군은 결국 사기로 결정되는 조직이다. 전투력과 사기는 같다. 박 회장은 어떻게 하면 직원들의 사기가 오를 것인지 끊임없이 생각한 사람이었다.

또한 박 회장은 '우리가 하는 일이 가치 있고 의미 있다고 생각하는 게 가장 중요하다'고 여겼다. '세계 철강사의 역사를 다시 쓰자' '가난한 나라를 철강을 통해 부국으로 만들자' '조상들의 피와 땀으로 만든 대일 청구권 자금(우향우 정신)을 가슴에 새기자' 등 국가와 민족을 위한다는 소명의식, 즉 의미와 비전을 제시한 최고경영자였다. 자부심과 열정이 모이면 이미 성공한 조직이다.

제2종합제철은 당시 세계 최고인 미국의 US스틸과 합작회사를 만들려고 했다. 아산만으로 입지가 결정됐는데, 중국으로 수출하기 위한 전진기지 역할이 있었기 때문이었다.

US스틸이 자랑했던 산소제강법이라는 기술도 도입하기로 했는데, 한국과학기술연구원(KIST)에 미국 기술자들을 모아 놓고 이와 관련한 강연을 열었다. 그런데 강연이 끝난 후 질의응답 시간에 나는 깜짝 놀랐다. 단상에 선 젊은 기술자에게 밑에서 듣고 있던 나이든 퇴역 기술자들이 하나같이 '서'(sir)라는 존칭을 붙이는 것이었다.

나중에 미국 기술자에게 왜 그랬는지 물었다. 그러자 "미국인들은 나이가 아니라 실력으로 존경한다"라는 대답이 돌아왔다. "저분은 정말 뛰어난 업적을 남긴 사람이고, 난 현장의 기술자다. 수준이 하늘과 땅 차이니 당연히 존경하는 것이다." 기술 존중, 인간 존중의 단면이었다.

포철은 일본에서 기술을 도입했다. 용광로를 1시간 가동하면 몇 톤이 생산되고, 용적이 얼마이며, 지름과 높이는 얼마인지 등 세부 사항을 일일이 계산하는 식이다. 반면 미국은 '어디에 몇 톤짜리 제철소가 있는데, 완공 후 5년 동안 얼마가 생산되고 있다'는 식이다. 처음부터 내려온 실적 데이터를 베이스로 해서 최신 기술을 적용해 세산하는 방법이다. 반면 일본식을 도입한 우리는 사전 세산 사료가 꽉 차 있어야 했다. 미국의 데이터는 놀랄 만큼 간단했다. 결과는 매번 거의 비슷했지만 그들을 따라잡을 수 없었다. 서구는 과거의 경험을 바탕으로 계속 업그레이드해 적용하는 계승 발전형인 데 비해 우리는 단절형인 셈이었다. 이는 지금도 마찬가지다.

인재 육성은 기업가의 도덕

한비에 있으면서 리더십이란 무엇인지 생각하게 된 계기가 있었다. 한비에서 두 분의 공장장을 모셨다. 한 분은 '언제까지 하라, 조사해서 보고하라, 시행하라' 등 과제만 던져 주는 스타일이었다. 생전 처음 해 보는 일을 어렵사리 해서 가져가면 '왜 이렇게 했느냐, 왜 이게 잘못됐느냐'라는 지적이 이어졌다. 일만 던져 주고 평가하고 지적하는 스타일이다. 이런 사후약방문 식의 상사는 부하 직원 야단치기에 급급하다.

또 한 분은 일을 시킬 때 자신이 알고 있는 것들을 자세하게 설명하는 스타일이었다. 활용할 수 있는 정보원, 협력자 등을 미리 얘기해 줬다. 기업에 가장 중요한 것은 성과를 창출하는 것이다. 선배로서 자신이 가지고 있는 것들을 미리 다 알려 주고, 거기에 부하의 창의나 노력이 합쳐지면 더 큰 성과를 낼 수 있다는 게 그분의 생각이었다. 모든 사원들이 당연히 후자의 공장장을 존경하고 따랐다. 이분이 하는 일은 모두가 참여해 시너지가 창출됐다. 반면 전자의 공장장은 마음으로 따르는 이가 거의 없었다. 조직의 목표를 최대한 빠르고 효율적으로 창출하는 것도 후자의 공장장이었다.

인재 왕국인 삼성의 창업자 이병철 회장의 인재 경영 사례는 오늘날의 경영인들에게 큰 깨달음을 전해 준다. 사원이 부정을 저지르면 당사자나 상사의 감독 여부를 따지는 게 일반적이다. 하지만 이 회장은 사장을 심하게 질책했다. "사원 한 사람 한 사람이 그 부모에겐 귀중한 자녀다. 인간은 누구나 견물생심을 가지고 있다. 도를 닦은 도사가 아닌 다음에야 참기 어렵다. 사장으로서 귀한 남의 자식들이 나쁜 길로 들어가지 않도록 정성을 다해야 하는데, 어떻게 했기에 인생을 망치도록 만들었나" 하는 식이었다.

이건희 회장도 신경영 때 '삼성헌법'을 만들었다. 핵심은 '도덕성·인간미·에티켓·예의범절' 등 네 가지다. 도덕성이나 인간미를 설명할 때 항상 하는 얘기가 "남의 집 귀한 자식 데려다 10년 후 다른 회사 직원보다 나은 사람이 안 됐다면 그야말로 인간미와 도덕성이 없는 기업"이라는 것이다. 사원들이 훌륭한 인재로 성장하도록 교육, 훈련시키고 스스로 단련하게 하는 것, 그것이 바로 이건희 회장이 말한 인간미와 도덕성이 있는 일이었다. 두 회장 모두 가치 있는 인재의 발전을 중시했다. 이는 개인뿐만 아니라 조직과 사회에도 큰 도움이 되는 일이다. 인재 경영에서 놓쳐서는 안 될 대목이다.

2005년에는 고(故) 노무현 대통령이 추진한 '10대 성장동력 선정' 작업에 참여했다. 세계적인 석학들을 초청해 토론도 많이 했다. 하루는 청와대에서 신성장동력 선정 위원들에게 만찬을 베풀었다. 노 내통령은 선진국으로 발전하기 위해 한마디 충고해 달라고 말했다. 그러자 많은 사람들이 이구동성으로 사람, 즉 인재의 중요성을 강조했다. 요약하면 이러했다.

'전 세계가 이미 변화돼 국가가 성장 동력 같은 과제를 선정하고 추진하는 시대는 지났다. 앞으로의 성장 동력은 바로 사람이다. 대통령은 교육에 총력을 기울여 국민의 역량과 자질을 어떻게 올릴 것인가 고민해야 한다'는 것이었다.

리더는 조직원들이 스스로 학습하게 하고 깨닫게 해서 훌륭한 인재로 만드는 사람이다. 그것이 리더의 가장 중요한 덕목이다. 이병철 회장이 라디오 대담에서 한 말이 생각난다. "나는 내 시간의 80%를 인재 개발에 썼다."

Part 2
혁신의 조건

2.1

삼성맨으로 인생이 바뀐
두 번의 오일쇼크

1973년 제1차 오일쇼크가 터졌다. 석유 값이 급등하고 세계경제는 일제히 고꾸라졌다. 산업의 씨앗이라는 제철도 무사할 리 없었다. 미국 경제가 어려워지자 US스틸도 힘을 쓰지 못했다.

한국도 경제 한파를 피해 갈 수 없었다. US스틸과 합작 계획을 세웠던 제2종합제철 사업도 결국 문을 닫고 사업 권리를 포스코로 반납하게 됐다. 그 덕에 나는 삼성으로 가게 됐다.

'희망자는 전부 포스코로 보내 주겠다. 나머지는 어디든 가도 좋다'는 말이 들려왔다. 포스코에서 온 사람들은 거의 원대 복귀했지만 한비에서 온 사람은 나와 최은순 선배(전 대우국민차공장 사장) 둘 뿐이었다. 최 선배의 동기였던 김연수 선배(전 삼성코닝, 삼성중공업 사장)가 마침 삼성전자에서 일했는데, 어느 날 "수원 공장에 놀러가자"고 하여 따라나섰다가 잡힌 게 삼성과 인연을 맺게 된 시작이었다. 방황하는 후배를 마지막 순간까지 책임지고 자리를 마련해 준 최 선배 덕택에 삼성 혁신의 중심에 설 수 있었음에 감사드린다.

1979년 말에는 제2차 오일쇼크가 찾아왔다. 당시 제너럴일렉트릭(GE)과 에어컨 합작사업 계획을 추진하고 있었지만, 역시 경제 위기로 모두 무산돼 버렸다. 하지만 그 일은 엔지니어인 내가 기획맨으로 변신하게 된 계기가 됐다.

세상을 바꿀 만한 커다란 변화가 있으면 사람의 길도 달라지기 마련인가 보다. 1차 오일쇼크가 없었다면 난 지금쯤 '제철맨'이 됐을 수도 있다. 또 2차 쇼크가 없었다면 기획이나 전략을 전혀 모르는 엔지니어로 평생을 살았을지도 모른다.

최은순 선배는 날 잡아다가 바로 삼성전자에 인수인계했다. 삼성전자 냉장고 파트였다. 삼성전자는 1969년에 설립됐는데, 당시는 이미 금성이 1959년에 라디오 제작으로 시작해 흑백 TV로 시장을 완전히 장악하고 있던 때였다.

시장에선 대우전자의 전신인 대한전선과 금성사가 각축을 벌이고 있었고 삼성은 후발 주자였다. 전자 업계는 이미 포화상태라는 반대 여론을 무릅쓰고 사업에 뛰어든 삼성전자는 처음에 일본 산요와 합작해 TV 수출부터 시작했다. 이어서 냉장고·선풍기·세탁기 같은 가전 사업도 본격적으로 추진했다.

내가 처음 삼성에 발을 디딘 1975년은 냉장고 부문이 성장기에 들어가 생산이 활발했던 시기였다. 하지만 기술적으로는 아주 초기여서 일본의 산요와 기술을 제휴하고 있었다. 산요에 연수도 많이 갔다. 당시 이병철 회장은 세계적인 TV를 생산하려면 브라운관을 만들어야 한다고 강조했다. 그래서 브라운관을 만들 수 있는 유리 공장을 세우고(삼성코닝), 일본 NEC와 합작으로 브라운관 공장을 세우고(삼성SDI), 삼성전기에서는 핵심 부품을 만드는 수직 계열화가 이뤄졌다. 이를 통해 세계 1등을 만든다는 게 이 회장의 구상이었다. 이 회장의 꿈은 오늘날 세계시장 최정상의 자리를 지키고 있는 삼성 TV로 실현되었다.

맨 처음 산요의 냉장고 공장을 찾은 난 눈앞에 펼쳐진 광경에 너무 놀라 입을 다물 수 없었다. 말로만 듣던 '분업'의 실체를 목격했기 때문이었다. 일관 생산 체제인 비료 공장이나 제철소만 보다가 수많은 부품을 분업화해 컨베이어벨트에서 생산하는 전자 산업은 상상도 못한 모습이었다. 냉장고 한 대에 수백, 수천 개의 부품이 들어가지만 한 사람에게 맡겨진 부품 수는 5개 이내로 단순 작업이었다. 그러니 짧은 시간 안에 숙련이 가능했다. 분업을 통해 작업을 쪼개면 냉장고와 TV 조립도 누구나 할 수 있는 쉬운 작업으로 변했다.

그것이 바로 조립산업의 강점이었다. 철강이나 석유사가 엄청난 돈을 투자하는 것에 비해 조립산업은 컨베이어벨트와 용접 등 간단한 도구만 있으면 라인이 이뤄졌다. 노동집약적 단순 작업의 집합체가 바로 조립산업이었던 것이다. 당시 난 조립의 '조'자도 모르는 초

보였다. 냉장고 생산과장에게 뭘 어떻게 공부해야 하는지 물었더니 "연수 가서 기록해 온 노트를 줄 테니 그걸 보고 공부하고 연구해 보라"는 답이 돌아왔다.

노트를 보니 현장에 있는 쓰레기통 하나까지 스케치돼 있을 만큼 꼼꼼한 기록이었다. 컨베이어벨트를 청소하기 위한 특수한 도구 개발에서부터 냉장고 표면을 닦는 재질 등 사전같이 섬세하게 기록돼 있었다.

하지만 현장 작업과 노트를 비교해 보니 노트에 있는 내용이 적용된 게 거의 없었다. 아니, 적용해 보려는 노력도 없었던 게 사실이다. 실무에 매달려 너무 바쁘다 보니 생긴 결과였다. 자연히 불량이 늘고 생산성도 떨어지는 등 문제가 끊이지 않았다. 비싼 돈을 들여 연수를 하고 배웠지만 현장에선 쓸모없는 지식이 되어 버린 것이다.

위기가 가르쳐 준 품질관리

하나하나 도구를 새로 만들고 교육을 다시 시켰다. 작업 지도를 고치는 등 노력을 기울이며 개선 활동을 펴 나갔다. 사실 산요에서 연수한 것만 제대로 적용해도 대부분의 문제가 해결됐다. 삼성은 원래 설비, 인재, 생산 방법 등이 최고가 아니면 안 되는 조직이었다. 이병철 회장은 제일모직과 제일제당으로 제조업에 도전하면서 최고의 설비, 최고의 인재, 최고의 기술을 도입했고, 처음부터 올바르게 세계 최고를 지향하는 전략으로 큰 성공을 거두었다. 하지만 전자 부문은 기본이 갖춰지지 않은 상태에서 생산만 급격히 늘리다 보니 이런 혼란기를 겪었던 것이다.

당시는 냉장고가 없어서 못 팔던 시절이었다. 해마다 수요가 두 배씩 늘었기 때문에 만들기만 하면 팔려 나갔다. 불량 문제가 어느 정도 용인된 배경이다. 후발 주자인 삼성은 대한전선을 따돌리고 금성의 턱밑까지 추격하게 됐다.

당시 삼성은 '삼성 정신'이라는 결집력이 있었다. 이는 바로 목표 지향적 조직 문화다. 설비 투자 없이 해마다 두 배씩 생산을 늘리려면 일하는 시간을 늘리는 수밖에 없다. 조립 라인을 24시간 가동했다.

반면 금성은 안정된 조직 문회기 지리 잡고 있었다. 금성이 1년에 30~40% 성장할 때 삼성이 두 배씩 성장한 이유다. TV 수출 주문량을 채우기 위해 밤새우기를 밥 먹듯 했다. 부족한 잠은 라인에 엎드려 채울 정도였다. 그렇게 해야 납기에 맞출 수 있었다. TV는 전쟁 치르듯 수출되었고 냉장고 내수 시장도 폭발적으로 커졌다.

하지만 1970년대 말이 되자 결국 곪아 가던 품질 문제가 드러나기 시작했다. 오일쇼크가 일어나며 시장 수요가 꺾이니 품질이 결정적 잣대가 돼 버린 것이다. 그 이후로 품질 감사를 받는 등 많은 노력을 기울였다. 오일쇼크 전에는 '생산 목표 달성'이 최고의 가치였지만, 위기를 겪으며 고객 만족, 사원 복지 등 경영 품질을 올려야 한다는 큰 깨달음을 얻게 됐다. 위기가 가르쳐 준 진리였다.

냉장고 공장에서 일하면서 제대로 된 공정, 일하는 도구, 직원 교육 등이 모두 갖춰져야 좋은 제품이 나온다는 것을 깨달았다. 현장 작업자들은 설비의 중요성을 간과하기 쉽다. 당시에는 심지어 파이프에 문제가 생겨 용접할 때 파이프 재질에 맞는 용접봉을 써야 한다는 것도 몰랐다. 그저 아무 봉으로 때우기만 하면 그만이었다. 재질에 맞는 용접봉과 전류의 세기가 따로 있다는 것을 모른 것이다. 제조업에 대한 기본이 안 돼 있던 시절이었다.

훗날 이건희 회장이 신경영을 추진할 때 아주 심각하게 질책했던 동영상 하나가 생각난다. 삼성 사내방송(SBC)에서 촬영한 것이었다. 세탁기 공장에서 플라스틱 사출물 하나가 크기가 맞지 않자 작업자가 칼로 깎아 조립하는 장면을 고발한 내용이었다. 이 회장은 "도대체 지금이 어느 시절인데 아직도 그 짓을 하고 있느냐"며 크게 질책했다. 하지만 대부분의 회사가 그랬던 시절이다. 이건희 회장은 1980년대 초에 각 계열사의 문제점을 지적하며 "말기 암 환자 같다"는 이야기를 많이 했다. 이것이 1993년에 신경영에 나선 계기다. 조직 혁신은 한 번으로 안 되고 끊임없이 위기의식을 갖고 노력해야 한다.

설비를 관리하던 공무과가 있었다. 그런데 부품이 고장 나 설비가 멈추면 그제야 부품을 사다가 가져다주고는 했다. 몇 시간, 심지어 하루를 꼬박 기다리는 일이 비일비재했다. 꼭 필요한 부품들은 스페어 파트 리스트를 준비하면 될 일이었다.

어떤 부품은 얼마 주기로 바꾸고 무엇이 필요한지를 정리해 공무과에 제출하자 난리가 났다. 예산도 없는데 사 놓으라고만 하면 어떡하느냐는 것이었다. 나는 "공장이 한 번 멈추면 손실이 얼마인데 그걸 못하느냐"며 많이 싸운 기억이 난다.

지금으로선 상상하기 힘든 광경이다. 장치산업(비료·철강)은 '품질 실패 비용'에 대한 가치를 알고 있었다. 하지만 조립산업은 그런 의식 자체가 없었다. 그래서 "그 비싼 것 사다가 왜 창고에 쌓아 두느냐"는 말이 나왔던 것이다.

리더의 결단이
조직의 성패 가른다

냉장고 파트에서 한창 일하고 있을 때였다. 어느 날 이병철 회장의 특별 지시가 내려 왔다. 압축기 기술을 가진 기업과 제휴해 자체 공장을 만들라는 것이 었다. 당시 압축기 기술 보유국은 일본·미국·이탈리아 등이었다.

그중에서도 미국의 켈비네이터(Kelvinator)란 곳이 원천 기술을 가진 업체였다. 이미 일본의 마쓰시타가 10년 전에 이곳에서 기술을 도입해 압축기를 생산하고 있었고, 이탈리아 회사들 역시 이 회사에서 기술을 들여온 터였다. 삼성도 이들과 기술제휴 사업을 추진했다.

김연수 당시 부장(전 삼성코닝·삼성중공업 사장)이 총책임자를 맡았고 내가 기술담당 과장, 또 이해민 선배(전 삼성전자 대표이사)가 생산담당

과장을 맡아 최소한의 인원으로 팀을 꾸렸다.

켈비네이터는 도면과 공정 등 기술 자료를 모두 주고 2주간 미국 현지에서 연수할 수 있도록 충분히 배려했다. 당시만 해도 외화가 턱없이 부족했던 시절이다. 삼성전자도 어렵긴 마찬가지였다. 기술 연수는 내 소관이었는데 상부에서 외화가 부족하니 연수 인원을 최소화하고 연수 기간도 반으로 줄이라고 했다.

나는 기술과장이기에 당연히 연수를 가야 한다고 생각했는데 인원을 줄이기 위해 생각하다 보니 비료 회사 출신인 나보다는 가전 분야에서 잔뼈가 굵은 기술자들이 가는 것이 더 효과적이라는 판단이 섰다. 결국 내 밑에 있던 기술자들을 보냈다. 기술 담당 책임자가 공장도 한번 가 보지 않고 연수도 받지 않은 채 공장을 지은 것이다. 그 대신 도면과 공정은 눈 감고도 머릿속에 그릴 수 있을 만큼 달달 외웠다.

3년 일정 반으로 줄여
압축기 공장 완공

연수를 다녀온 기술자들과 매일 토론하고 배우며 결국 공장을 짓는 데 성공했다. 보통 그 정도 규모의 공장이면 완공까지 3년이 걸린다고 한다. 일본도 이탈리아도 모두 그랬다. 미국 본사에서도 내심 일본도 3년 걸렸으니 한국은 더 오래 걸릴 것이라고 생각했다. 하지만 이병철 회장은 "1년 반이면 된다"고 했고 실제로 그렇게 됐다.

몇 년 후 켈비네이터 사가 자사와 기술 제휴한 전 세계 업체를 초청해 파티를 열었다. 당연히 삼성전자도 초대받았다. 그제야 처음 본사 공장을 둘러볼 수 있었다. 그런데 뜻밖에도 삼성전자는 상을 받는 영예를 안았다.

"이제까지 기술을 전수하면 3년은 지나야 물건을 생산해 기술료(로열티)를 보내 오는데 삼성은 1년 반 만에 보내왔습니다. 이런 곳은 처음입니다. 축하하고 고맙습니다."

미국 본사 담당자의 칭찬이 이어졌다. 감격스러웠다. 하지만 이어지는 그들의 조언은 들뜬 마음을 곧 가라앉게 만들었다.

"대신 한 가지 꼭 얘기해 주고 싶은 게 있습니다. 10년 전 일본의 마쓰시타와 한국의 삼성은 차이가 있습니다. 마쓰시타는 2주간 연수하라고 했더니 '돈을 더 낼 테니 연수 기간을 한 달로 늘려 달라'고 했었죠. 그들은 2주간은 원래 계획대로 공부하고 나머지 2주는 각 공장의 작업반장들과 개선안에 대해 묻고 토론하는 시간을 가졌습니다. 우리에게 개선 아이디어를 묻고 자신들의 의견도 개진하며 그렇게 보름 동안 설비와 공정 개선안을 여기서 모두 다시 만들어 갔습니다. 3년 뒤 일본에 초청받아 가 보니 오히려 우리가 배울 게 더 많더군요. 본사보다 훨씬 훌륭한 공장이 돼 있었던 거죠. 마쓰시타가 세계 최고의 경쟁력, 생산량을 자랑하는 이유입니다. 반면 삼성은 가 보니 배울 게 하나도 없고 개선은커녕 있는 것도 제대로 활용하지 못하더군요. 참고가 되었으면 좋겠습니다."

벤치마킹은 그저 흉내 내는 것이 아니라는 것을 절실히 깨달았다. 완전히 이해하고 소화해 '플러스알파'를 만드는 것, 그래서 본사보다 더 잘하는 것이 삼성전자의 새로운 목표가 됐다. 공장을 세우고 기술을 제휴하면서 당시 미국의 공정 기술서를 공부해 보니 단어 하나하나에 깊은 뜻이 담겨 있었다. 우리의 작업 기준과는 그야말로 하늘과 땅 차이였다.

예를 들어 '부품 표면에 흠집이 없을 것'이라고 쓰여 있으면 미국은 그 정의를 바탕으로 또 다른 규정을 만들었다. '흠집이 없다는 건 뭐냐. 10미크론 이상이면 흠집이다. 10미크론이 몇 개 이상 있으면 흠집이 있다고 한다'는 식이었다. 그렇게 모든 공정에 반드시 상세한 지침과 표준이 마련돼 있었다. 하지만 우리는 눈으로 봐서 흠집이 없으면 그만이었다. '클린룸'이라고 하면 '클린룸이 무엇이냐'부터 시작했다. 공기 채취 시 1미크론 크기의 먼지가 몇 개 이상 있으면 안 된다는 규정이다. 눈으로 봤을 때 깨끗하다고 클린룸이 아니었다. '공차 범위 내에 들어갈 것'이라는 규정은 일일이 재고 측정해야 하는데, '측정 장비가 제대로 갖춰져 있느냐'부터 출발하는 게 미국식이었다. 장비를 어떻게 관리할 것인가에 대한 명확한 기준이 다 마련돼 있는 것이다.

모든 기준에 '고·노고(go·no go) 게이지'가 만들어져 있었다. 두 개 기준에 다 통과돼야 합격인데, 게이지를 통과하면 일일이 전문 장비로 측정할 필요가 없었고 그런 게이지가 공정마다 매우 많았다.

희생 속에 이뤄 낸
압축기 자체 생산

이병철 회장에게 정말 감탄했던 일화가 있다. 일본에 건너간 이 회장은 업계 관계자에게서 "냉장고의 생명은 압축기이고, 압축기의 생명은 주물의 품질이다. 그래야 가공도 잘되고 품질도 오래 간다"는 말을 들었다. 하지만 삼성이 주물 공장까지 할 수는 없는 일이었다. 이 회장은 김연수 부장에게 "한국에서 제일 실력 있는 주물 공장과 협력해 미리 준비하라"는 지시를 내렸다. 압축기 공장과 관련한 사업 계획서가 나오기도 전이었다. 지금 생각해도 놀라운 선견지명이다.

알아보니 부산 사상에 있는 신일금속이 주물 공장으로서 최고였다. 그들과 함께 개발에 나섰지만 기초 소재 기술이 열악하다 보니 진척이 없었다. 내가 담당을 맡긴 금속과 출신의 직원 한 명은 거의 공장에서 살다시피 했다.

한 번은 그 직원이 기차에서 떨어지는 사고가 일어났다. 정신을 잃고 있던 중에 동상까지 걸려 발가락을 절단하는 아픔을 겪기까지 했다. 현장의 장인과 기술 전문가가 만나 시너지를 내려고 했던 의도와 달리 하염없이 시간만 보내야 했다. 담당 직원은 속병에 지쳐 갔고 결국 자살이라는 극단적인 선택을 하고 말았다. 지금도 그 생각만 하면 안타까운 마음을 금할 길이 없다. 하나의 산업이 성공하기 위해 얼마나 많은 희생을 감내해야 하는지 다시금 생각하게 된다.

드디어 압축기 생산이 시작됐다. 그런데 생산 속도가 냉장고 부문의 수요를 따라가지 못했다. 주물 때문에 30~40%씩 생산성이 떨어졌던 것이다. 3교대로 하루 종일 인원을 돌려도 모자랐다. 결국 그해 안에 일본 주물을 사다 쓰자고 건의했다. 당시 김연수 본부장은 삼성중공업이 설립된 후 어려움을 겪자 그리로 차출돼 가고 없던 시기였다.

새로운 본부장에게 "생산성이 좋은 일본 주물을 수입하면 수요를 맞출 수 있습니다. 비싸더라도 일본 주물을 수입하여 냉장고를 만들어 팔면 전사적으로 더 이익입니다"라고 건의했다. 하지만 오래도록 답이 없었다. 일단 일본 주물 업체인 마쓰시타 납품 업체에 주문해 샘플을 들여와 만들어 보니 날아갈 정도의 수준이었다.

'국내 주물의 품질을 해결하는 데 시간이 걸리니 이 문제가 해결될 때까지 일본 주물을 수입해 생산하는 게 맞다'며 원가비교표를 만들어 다시 올렸다. 하지만 여전히 새 본부장은 어떤 결정도 내리지 않았다. 생산 현장에서는 압축기가 없어 냉장고를 못 만든다고 아우성이었다.

결국 그게 문제가 돼 본부장이 그만두는 일까지 벌어졌다. 후임으로 온 분은 훗날 삼성SDI 사장을 맡았던 김정배 본부장이었다. 김 본부장은 이건희 회장의 대선배였고, 내가 대학 시절 실습을 나갔던 한영모터공업에서 제작부장으로 일하셨던 분이다.

어떻게 된 것이냐는 물음에 나는 단호하게 말했다. "이 문제는 간단합니다. 주물 때문입니다. 하지만 아까운 젊은이 하나를 잃어야 했을 만큼 주물 품질은 해결하기 어려운 문제입니다. 국내 업체가 이 문제를 해결하는 동안에는 당분간 일본 것을 쓰는 수밖에 없습니다."
그러자 김 본부장은 곧장 사장에게 달려가 허락을 받아 왔다.

전임 본부장은 그걸 못했던 것이다. 이후 생산이 늘어나니 "김 본부장이 오자마자 생산이 기적 같이 늘었다"는 얘기가 퍼졌다. 리더가 결단할 타이밍을 놓치면 자신뿐만 아니라 조직 전체가 문제에 빠진다.

이후 인천에 있는 업체와 제휴해 최첨단 공법으로 주물을 만드는 시스템이 국내에 도입됐다. 그 덕에 주물 문제가 근원적으로 해결되었다.

'보자기 근성' 한국인,
룰과 프로세스를 더하라

압축기 생산 성공에도 알려지지 않은 뒷이야기가 있다. 미국의 켈비네이터에서 압축기 도면을 받아 처음 시제품을 만들었는데 소음과 진동이 엄청났다. 도저히 쓸 수 없는 물건이었다. 본사에서 제공한 도면 그대로 만들었는데도 그랬다. 도통 이유를 알 수 없었다.

당시 공장에는 미국 본사 제품, 일본 마쓰시타 제품, 이탈리아의 네끼(Necci) 제품이 분해돼 있었다. 차이점을 분석해 봤다. 도면의 잘 못된 곳을 찾던 나는 그제야 소음과 진동의 원인을 찾을 수 있었다.

미국 본사가 준 도면은 그야말로 초기(기본) 도면에 불과했다. 현재 생산하는 제품의 도면이 아니었던 것이다. 하지만 이런 사정은 일본이나 이탈리아도 마찬가지였다. 초기 도면을 보완해 조금씩 개량해 자체 생산하고 있었던 것이다.

타사 제품을 모조리 뜯어보며 초기 도면과 달라진 것이 무엇인지 찾아냈다. 이를 바탕으로 실험 계획을 검토했다. 하지만 변화된 경우의 수로 수백, 수천에 이르는 실험을 해 봐야 가능할 듯싶었다. 이미 생산 공장은 건설이 끝나 있었고 생산 쪽에서는 우리만 철석같이 믿고 있던 터였다. 이대로는 큰일이었다.

밤잠을 설쳐 가며 토론을 하다 보니 우리 팀원 중에 구세주가 있음을 알게 되었다. 그는 삼성전관(현 삼성SDI) 출신이었다. 삼성전관은 일본의 NEC와 합작해 브라운관을 만들고 있었는데, NEC는 신뢰성으로 이름을 날리는 회사였고 그 덕에 '신뢰성' 공학을 제대로 배워 이해하고 있었던 것이다. 그는 "실험 계획법이란 것이 있다. 실험 계획법에 따라 계획을 세우면 실험 횟수를 대폭 줄이고, 짧은 시간 안에 더 신뢰성 있는 결과를 낼 수 있다"고 말했다.

과학적 방법론의 중요성

실제로 실험 샘플 개수는 10개 남짓이었다. 그때 처음으로 '실험 계획법'을 배우게 됐다. 무작정 경우의 수를 다 실험하는 게 아니라 최소한의 실험으로 최대한의 성과를 낼 수 있는 방법이 바로 실험 계획법이었다.

그 친구 덕에 며칠 만에 문제를 해결하고 생산에 들어갈 수 있었다. 공학을 전공한 엔지니어였지만 과학적인 방법론을 써야 뭐든지 싸고 빠르고 정확하게 만들 수 있다는 기본적인 사실조차 제대로 모르고 있었던 것이다. 시행착오도 좋지만 과학적 방법론을 쓰면 금방 해답을 찾을 수 있다는 걸 그때 깨달았다. 그때부터 나는 실험 계획법의 신봉자가 되었다. 실험 계획법의 뿌리는 통계학이고 그 연장선상에 식스시그마가 있으니 내가 식스시그마 전도사가 된 계기가 여기에 있었다고 할 수 있다. 1977년 즈음의 일이다.

이병철 회장이 압축기 공장을 1년 반 만에 완공하라고 한 데는 나름의 이유가 있었다. 다른 회사가 3년 걸린다는 건 하루 8시간 일한다는 가정 하에서인데, 24시간 일하면 원래 공사 기간의 1/3이면 충분하다는 계산이 나오기 때문이었다. 일본에서 18개월 걸린다는 메모리 반도체 공장도 6개월 만에 완성했다. 지금 생각해도 기적 같은 일이다.

1970년대 말 수원 공장에 큰 화재가 났을 때 전자제품 공장이 모조리 불타 버렸는데, 단 40일 만에 공장을 재가동한 일도 있었다. 이 역시 기적이었다. 삼성그룹의 건설사와 장비사가 총동원된 덕분이었다.

오늘날 삼성이 세계적인 기업이 된 기초가 바로 이병철 회장의 이런 추진력과 독특한 리더십에 있다. 일본의 마쓰시타 고노스케 회장이 불가능한 과제를 던져 주며 인재를 키운 것처럼, 이 회장도 항상 어려운 목표를 주고 도전하게 만들었다.

공장을 지으려면 사전 준비가 필수다. 기계 제조 공장은 특히 더하다. 필요한 설비의 대부분이 주로 일본 제품이었는데, 하나하나를 살 때마다 우리가 가진 소재(주물)를 먼저 들고 찾아갔다. 1,000~2,000개에 이르는 소재를 들고 가서 실제로 일본 공장에서 깎아 보는 것이다.

많은 경우, 공장에 설비를 들여놓은 후 이에 소재를 맞추느라 고생하기 마련이다. 반면 소재를 미리 개발해 설비 업체에 들고 가면 첫 공정부터 생산성·품질·원가를 검토할 수 있다. 우리 공장에 들여놓을 설비와 우리가 가진 재료의 생산 조건을 미리 점검, 확인할 수 있다는 뜻이다. 소재를 대량으로 들고 가서 시운전하는 노력은 당시만 해도 획기적인 발상이었다.

그때 경험을 살려 삼성SDI 공장을 세울 때 똑같이 했다. 공장에 설비를 들여놓은 후 스위치만 켜면 100% 완벽하게 돌아가도록 한 것이다. 부품과 설비, 사람을 미리 검증하여 완벽한 것만 들여오는 품질보증시스템이 확립되면 어디나 가능한 시스템이다.

요즘 뉴스를 보니 중동의 엔지니어링 수주를 한국이 싹쓸이한다고 한다. 한국인들은 프로세스를 전수하든, 직접 시공하든 민첩성과 유연성이 뛰어나다고 한다. 나는 이를 '보자기' 근성이라고 부른다. 서양 사람들은 가방 체질이다. 가방에 맞는 사이즈를 벗어나면 집어넣기 어렵다. 하지만 보자기는 어떤 형태든 한 번에 담을 수 있는 유연성이 있다. 이런 문화적 특성 덕인지 한국 엔지니어들은 도면을 보고 더 좋고 싸게 하는 방법을 오히려 역제안한다고 한다. 이러면 발주자가 좋아할 수밖에 없다. 다른 나라는 더 달라고만 하는데 한국은 오히려 가격과 기간을 더 줄여 주는 것이다.

스피드 못지않게 중요한 게 룰과 프로세스다. 미크론은 현장의 온도 차로 길이가 달라지는 매우 미세한 단위다. 룰과 프로세스대로 하지 않으면 큰 품질 사고로 이어지는 이유다. 삼성전자 안에서 압축기 파트는 룰과 프로세스를 지키는 표준 공장 모델이 되었는데, 그 바탕은 5S(정리·정돈·청결·청소·올바른 몸가짐을 일본어의 앞 글자에서 따온 것)였다.

일본의 공장은 매우 깨끗하고 모든 부품과 자재가 질서 정연하게 정리돼 있었다. 반면 당시 우리 공장은 어지러울 정도로 사방이 난장판이기 일쑤였다. 지금도 삼성의 공장을 가 보면 정리가 잘 되어 있고 청결한 모습을 볼 수 있다. 그래야 룰과 프로세스도 지켜지는 깃이다.

최근 중소기업을 지도하며 여러 컨설턴트를 만날 기회가 있다. 그들이 이구동성으로 안타까워하는 것은 중소기업 사장들이 5S의 중요성을 간과하고 대기업들이 하는 첨단기법을 가르쳐 달라고 주장한다는 것이다. 5S의 기초가 든든해야 경쟁력이 튼튼해지고 어떤 변화도 적응할 수 있는 유연성이 생긴다.

황 과장이
혁신 전도사 된 사연

1986년 삼성전기에 갔을 때다. 압축기 공장에서 5S와 룰·프로세스가 체질화돼 있던 내게 삼성전기 공장은 그야말로 먼지투성이, 엉망진창이었다. 중소기업도 그보다 나을 듯싶었다.

당시 프레스물과 사출물 공장 담당은 황 과장이라는 이였는데 중졸 학력으로 현장 기능공에서 출발해 과장까지 오른, 현장에서 잔뼈가 굵은 전문가였다. 당시 황 과장은 정년이 2~3년밖에 남지 않았을 때였는데, 품질 문제가 계속 발생하다 보니 회의에선 매일 욕을 먹는 처지였다. 금속과 사출물은 기초 부품인데 기초에 문제가 생기니 더 그랬다. 공장 안에서 잘 안 풀리는 일은 모두 그의 책임으로 돌아갔다. 항상 전전긍긍하는 그를 데려와 압축기 공장을 견학하게 했다. 유리알처럼 깨끗하고 질서 정연한 공장을 본 황 과장은 그제야 5S에 눈을 떴다.

황 과장은 바로 '나도 저렇게 해야겠다'고 결심했다. 하지만 정리 정돈이나 청소가 시킨다고 되는 게 아니었다. 시간이 걸리더라도 마음에서 우러나오는 태도가 중요하기 때문이다. 바로 '변화 관리'가 관건이다. 황 과장은 고민 끝에 매일 1시간 일찍 나와 직원들이 밤새 어질러 놓은 공장을 청소하고 기계를 닦았다. '며칠이나 가나 보자'는 주위의 냉소에도 그는 잘 참고 견뎠다. 그렇게 두 달이 지나니 어느 날 아침에 한 직원이 일찍 출근해 "과장님, 죄송합니다. 오늘부터 제 기계는 제가 닦겠습니다"라고 말했다. 세 달이 지나니 모든 직원이 달라졌다.

그 다음부터 회의 시간은 질책의 시간에서 칭찬과 감사의 시간으로 바뀌고 아이디어 솟아나는 창의적인 시간으로 변했다. 5S가 이뤄지니 품질 문제도 저절로 해결됐고 합격률이 100%가 되는 날이 열홀, 스무날로 이어졌다. 직원들도 그 기록을 깨지 않기 위해 신바람을 냈다.

이익도 눈에 띄게 늘기 시작했고 거래처에선 칭찬이 이어졌다. 황과장은 행복한 공장의 모델을 만들어 내는 데 성공했다. 그는 퇴임 후에도 능률협회 강사로 일하며 혁신의 전도사가 됐다.

혁신은 근본을
다스리는 데서 출발한다

미국의 기술 혁신과 일본의 기술 혁신은 방법이나 내용이 완전히 다르다. 예를 들어 미국의 압축기 공장에 가 보면 기술 담당 디렉터가 따로 있다. 디렉터는 임원급이 맡고 전망 좋은 넓은 방에서 여유롭게 일한다. 그가 하는 일이라곤 기존 제품에 대해 3년 동안 끊임없이 생각하는 것이다. 물론 혁신안이다. 그래서 미국 기업은 3~4년에 한 번씩 환골탈태한다. 당연히 그는 회사의 보배다. 한 사람의 천재가 변화를 끌고 가는 것이다. 회사는 그를 존중해 많은 급여와 좋은 처우를 제공한다.

반면 일본인들은 현장에서부터 '제안'과 '개선'을 끊임없이 반복한다. 아주 작은 제안들이 모여서 끊임없는 개선이 이뤄지는 식이다. 가령 미국산 완제품이 나오면 마쓰시타는 이를 조금씩 개선해 머지 않아 미국보다 더 좋은 제품을 만들었다. 일본 제품이 훨씬 좋아졌을 때쯤 미국은 다시 단번에 혁신적 제품을 내놓게 된다.

기술을 도입하고 배워야 하는 우리나라로선 미국의 신제품은 3~4년에 한 번씩 확인하면 될 일이었다. 하지만 일본 것은 분기별로 꾸준히 사 봐야 했다. 그 덕분에 우리는 일본의 끊임없는 현장 경영을 제대로 배울 수 있었다.

기술 도입에 관해선 미국보다 일본의 도움이 더 컸던 셈이다. 물론 미국에도 많은 인재들이 나가 미국식 혁신 방법을 배웠다. 한국이 오늘날 제조업 강국으로 우뚝 선 데는 이 두 나라의 혁신론을 융합했기 때문이라고 생각한다.

앞으로 미국의 톱다운(top-down, 하향식) 스타일의 혁신과 일본의 보텀업(bottom-up, 상향식) 스타일의 혁신을 융합하고 한국적인 특성을 가미하여 한국형 혁신 스타일을 만들어 낼 수 있다면 한국 산업과 기업은 세계적인 경쟁력을 갖게 될 것이다.

첫 순수 국산 압축기 개발

냉장고 압축기 개발에 성공하고 생산량이 급격히 늘자 원천 기술을 가진 켈비네이터로 나가는 로열티가 상당히 많아졌다. 그러자 엔지니어들을 중심으로 '로열티가 없는 자체 기술'에 대한 열망이 커졌다.

당시 미국 냉장고는 덩치가 커서 5분의 1마력이 제일 작은 용량이었다. 하지만 우리의 수출 주력 상품인 냉장고는 50~60리터의 초소형 제품이었다. 호텔 방에 있는 냉장고 수준이다. 여기에 들어가는 압축기는 10분의 1마력이면 충분했다. 하지만 이런 제품은 본사인 미국에는 모델조차 없었고 일본산만 있었다. 우리도 일본 부품을 들여와 조립해 파는 형편이었다.

1978년, 마침 카이스트 1회 졸업생들이 입사했다. 그중 한 친구를 압축기 부품 개발에 필요하다며 데리고 왔는데, 컴퓨터 시뮬레이션을 할 줄 아는 친구였다. "압축기를 새로 디자인하라면 못하겠지만 기존 제품의 스펙이 왜 이런지는 해석할 수 있다"는 것이 그의 답이었다. 제품을 학교에 들고 왔다 갔다 하며 며칠을 보내더니 파이프 굵기, 볼트는 어느 정도 힘으로 조였는지 등을 해석해 내는 데 성공했다.

최종 데이터를 바탕으로 원제품의 크기를 10분의 1로 줄여 보았다. 결과는 대성공이었다. 본래 개념을 해석한 데이터, 기존 연구자들의 아이디어, 일본의 10분의 1 모델 등을 모두 종합해 독자 모델을 시행착오 없이 바로 개발하는 데 성공한 것이다. 로열티 없는 압축기 생산의 시작이었다. 이런 과정을 겪으며 축적된 노하우를 가진 사람과 첨단 기술로 분석력을 가진 사람이 힘을 합치면 뭐든지 할 수 있다는 자신감을 얻게 됐다.

'ISO-9000'(국제표준화기구가 제정한 품질보증 및 품질관리를 위한 국제 규격)의 원리는 '노 스펙, 노 워크'다. 스펙이 없으면 일을 못한다는 뜻이다. 스펙을 먼저 만들고 이에 따라 일하다가 문제가 생기면 해당 스펙만 바꾸면 된다. 한국 사람들은 머리가 좋아 현장에서 바로 고치는 스타일이다. 하지만 정작 문제가 어디에서 발생했는지 모르는 경우가 많았다. 그래서 우리도 품질 경쟁력을 갖추려면 ISO-9000을 확립해야 한다고 생각했다.

일반 모터와 압축기 모터를 생산하는 부서는 나뉘어 있었다. 첫 생산에 앞서 엄청 고생한 건 압축기 파트였다. 하지만 나중에는 시행착오 없이 안정적인 시스템을 갖출 수 있었다. ISO-9000에 의거힌 롤과 프로세스를 준수한 힘이었다. 문제는 모터 생산 쪽이있다. 끊임없이 불량이 쏟아졌다. 제일 문제가 큰 건 선풍기 모터였다.

선풍기 모터의 겉면은 알루미늄 케이스가 싸고 있다. 외부 플라스틱 케이스를 열면 알루미늄 덩어리 안에서 모터가 돌아가는 걸 볼 수 있다. 선풍기 모터 부장이 압축기 공장에 와 살다시피 하면서 벤치마킹해도 불량은 여전히 줄지 않았고 생산 자체가 불가능할 지경이 되고 말았다.

나는 모터를 맡고 있는 부장을 찾아가 말했다. "내가 한 번 모터 공장을 개선해 보겠습니다. 맡겨 주세요." 모터 부장은 내게 따로 선풍기 라인만 떼어 줬다. 직원들 조회도 따로 했고 배지도 하나씩 새로 달았다. 제일 먼저 설계 도면을 점검하며 도면대로 부품이 갖춰져 있는지 확인했다.

알루미늄은 금형의 미세한 압력, 온도에 따라 치수가 왔다 갔다 하는 재료다. 충격을 받으면 변형되기도 쉽다. 기본 부품서부터 공정 하나하나에 이르기까지 스펙을 철저히 따르고 있는지 검증했다. 해당 작업자들도 그렇게 교육시키며 개선에 나섰다.

재공 시스템을
뜯어고치다

처음 본 선풍기 모터 생산 라인의 모습이 잊히지 않는다. 컨베이어벨트에 선 사람들은 저마다 고무망치를 하나씩 들고 서 있었다. 그러다 모터가 정지하면 망치로 두들기고 어쩌다 돌아가면 합격 판정을 내린다. 그러나 얼마간 돌다가 다시 멈추는 모터가 부지기수였다. 합격 제품 중 30%가 불량인 이유였다. 생산이라고 부르기에도 민망했다.

알루미늄 다이캐스팅부터 연구했다. 다이캐스팅은 강철 거푸집에 녹인 알루미늄을 붓는 정밀 주조 방법인데, 부품 하나하나의 치수를 관리해 잘못된 부분을 잡아냈다. 모든 작업을 시작부터 원칙대로 움직이게 했다. 어떤 라인에 문제가 나타나면 관련자들을 모두 새로 교육했다. 바로 ISO-9000의 기본으로 기초부터 완벽한 체질로 바꾼 것이다. 내 사회생활 최초로 하나의 조직을 통째로 맡아 개선 작업에 나선 경험이었다.

당시 《도요타 생산방식(トヨタ生産方式)》(1978)이라는 책이 막 나왔

다. 책을 읽어 보니 도요타 생산의 핵심은 '재공이 1인당 1개밖에 없다는 것'이었다. 재공은 공정에 참여하고 있는 작업자가 가지고 있는 부품 수를 뜻한다. 즉 공정이 20개면 라인마다 1명씩 담당자가 있어 라인 전체 인원도 20명, 재공도 20개뿐인 것이다.

대부분의 조립 공장은 많은 재공을 쌓아 놓고 있다. 그러므로 출하공정에서 불량이 나오면 수많은 재공을 일일이 재점검해야 하니 엄청난 시간과 경제적 손실을 초래하게 되는 것이다. 그래서 도요타가 도입한 것이 1인 1재공 시스템이었다. 따라서 재공 비용이 적게 들었고 불량이 나오면 순식간에 개선할 수 있었다. 작업자로선 여유로운 작업이 가능했다.

처음 모터 공장에 가 보니 30초에 한 대씩 납땜을 해야 하는 공정에 재공품을 산 같이 쌓아 놓은 채 10초에 하나씩 처리하고 있었다. 30초란 시간에는 예열과 안정화 등이 포함돼 있다. 그런데도 재공을 쌓아 놓고 10초에 하나씩 처리하니 품질도 안정될 수 없었다. 서른 개쯤 작업을 해 놓으면 화장실을 가거나 놀다가 올 수 있는 여유가 생긴다. 언뜻 보면 모두 열심히 빠르게 일하는 것처럼 보였다. 하지만 높은 사람이 없으면 스윽 나가서 쉬다 왔다.

직원들을 모두 모아 놓고 "도요타에서 30초마다 한 개씩 하는데 우리도 해 보자"고 얘기했다. 그러자 "생산량이 모자란다, 기계 문제가 생겼을 때 여유가 없어진다"는 등 반발이 심했다. 이들을 잘 설득해 재공을 다 끌어내고 30초 단위로 하나씩 부품을 줬다. 자연히 룰대로 조립이 이뤄졌다.

1시간쯤 지나니 "이렇게 느려 터지게 하면 오늘 생산량의 반도 못한다"는 푸념이 들려왔다. 그런데 작업 마감 시간인 8시가 되고 계산해 보니 놀라운 결과가 나타났다. 전날보다 오히려 생산량이 는 것이다. 고속도로에서 시속 100킬로미터로 막힘없이 가는 것과 시내에서 100킬로미터로 가다가 신호에 막혀 가다 섰다 하는 것과 똑같은 이치였다. 30초에 할 작업을 10초로 줄이며 불량이 많아졌고, 불량이 나면 쌓아 놓은 재공품들을 다 뒤지다 보니 제대로 생산이 이루어질 수 없이 바쁘기만 했던 것이다.

결국 30초에 한 번씩 작업하는 것으로 결론을 내렸다. 도요타 방식을 따르기로 한 것이다. 방식이 아무리 훌륭해도 해 보지 않고서는 모른다. '백문이 불여일견'이란 말이 있다. '백견이 불여일행' '백행이 불여일득'으로 발전하는 것이 개선의 기본이다.

2.5

제조와 구매도
과학이다

1 978년, 드디어 한국에도 '품질 관리 대상'이 생겼다. 당연히 삼성전자도 수상에 도전했다. 사실 금성사(현 LG전자)가 우리보다 먼저 도전하기 시작했다. 삼성도 뒤질 수 없다는 생각에 뛰어든 것이다. 당시만 해도 금성은 삼성보다 10년이나 앞서 있던 회사였다.

당시 품질 대상의 모델은 일본의 '데밍상'이었다. 일본 제조 업계에 품질관리(QC) 시스템을 도입시켜 제조업 발전에 크게 기여한 미국인 데밍 박사의 이름을 딴 상이다. 6·25전쟁이 터지자 일본은 군수물자를 만드는 기지 역할을 맡았다. 하지만 문제는 엉망인 품질이었다.

미국은 데밍 박사를 일본에 보냈고 후에 일본은 그 고마움을 표시하기 위해 그의 이름을 딴 상을 제정했던 것이다. 우리가 도전하기 바로 전해에 마쓰시타 전자부품이 데밍상을 수상했다.

우리는 즉시 마쓰시타의 보고서를 입수해 공부했다. 일본식 전사적 품질관리(TQC), 품질분임조 활동 등을 모두 그때 배워 본격 실천에 들어갔다. 룰과 프로세스, 조직 문화 같은 건 생각지도 못하고 있을 때였다. 운이 좋게도 난 부품 본부 대표로 직접 참여해 TQC를 제대로 배울 수 있었다.

TV 등 전자제품의 생산 라인은 모든 부품이 조립 라인을 따라 놓여 있다. 부품의 종류도 많고 크기도 다양하여 제대로 정리정돈이 안 돼 있으면 라인이 어지럽게 되고 먼지와 쓰레기가 뒤섞여 지저분해지기 쉽다.

1980년대 초반, 1차 오일쇼크로 가전 불황이 왔을 때 불량 문제가 크게 이슈가 되었다. 당시 이건희 회장은 수원역에서부터 콩나물시루 같은 사원 출근 버스를 몰래 타고 들어와 엉망진창인 화장실과 라인을 박살낸 적이 있다. 라인은 물론이고 화장실, 식당 등 사원들의 작업 환경이 깨끗해야 하고 그렇지 않은 환경에선 절대로 좋은 품질이 나오지 않는다는 게 이 회장의 지론이었다. 이 회장은 일본에서 오래 살아서인지 정리정돈과 청결이 몸에 배어 있었다. 임원들에게 "신라호텔 화장실에 가 보고 똑같이 깨끗하게 만들어라"라고 호령했다. 이전까지는 생산량에만 급급했지 정리나 청결에는 관심조차 없었다.

1979년의 일이다. 어느 날 이탈리아의 구매 전문가로부터 연락이 왔다. 우리가 생산해 내는 압축기의 3분의 1에 이르는 수량을 일괄로 유럽에 팔아 주겠다는 제안이었다. 그야말로 빅딜이었다.

유럽에 있는 냉장고 업체에 부품을 납품하기 위해 협상하는 것이 그의 일이었다. 그는 이미 일본에서 마쓰시타와 협상을 끝낸 상태였고 한국에선 삼성과, 말레이시아에선 현지 마쓰시타 공장과 협상을 끝낸 상태였다. 기업 간 경쟁을 붙여 싸게 구입하려는 것이 그의 계획이었다.

이탈리아인에게 배운
글로벌 소싱

그런데 이 친구가 터무니없이 싼 가격을 요구했다. 몇 퍼센트 수준이 아니라 몇 십 퍼센트 수준이었다. 도저히 안 된다고 얘기했다. 그러자 "원가 구조를 봤을 때 제일 비싼 게 구리다. 구리선을 얼마에 사느냐"고 물었다. 그러면서 자신이 구리선을 가장 싸게 공급하는 곳을 알고 있다고 말했다. "30%쯤 싼 값에 납품할 테니 그만큼 깎아 달라. 구리 공급은 내가 책임지겠다. 다른 재료들도 글로벌 소싱을 통해 절약해 주겠다. 대단위 생산인 만큼 생산성이 오를 것이고 그러니 인건비도 깎자."

정말 그의 말대로만 된다면 채산이 맞을 것도 같았다. 그는 항상 이야기 중 노트를 펴 놓곤 했다. 들여다보니 그 안에 압축기 가격뿐만 아니라 압축기의 원가 구조, 부품·소재 가격과 글로벌 경쟁력이 있는 기업 등이 전부 망라돼 있었다. 그뿐만 아니라 이들을 조합해 낸 가격 시뮬레이션도 이미 다 갖춰 놓고 있었다.

당시 우리의 구매는 마주 앉아서 "깎아 달라, 안 된다"며 입씨름을 벌이던 수준이었다. 원가 분석을 통해 부품 소싱 방법까지 완벽히 갖춰 주문 요청하는 것을 그때 처음 봤다. 비록 협상은 결렬됐지만 그 이탈리아 구매 전문가의 협상 태도, 분석력, 정보력은 우리보다 우리를 더 잘 아는 수준이었다. 구매라는 건 그저 필요한 물건을 사는 게 아니라 그 어느 분야보다 과학적인 분석이 필요한 분야라는 걸 그때 비로소 깨달았다.

그때 익힌 구매 경험은 후일 삼성SDI로 간 첫해, 1996년에 진가를 발휘했다. 적자였던 경영 실적을 구매 혁신을 기반으로 1조 1,000억 원을 절약해 흑자로 돌린 것이다. 과학적 분석 덕분이었다.

예를 들어 브라운관 제작에 필요한 유리를 사오는 데 20, 14, 12인 치 등 여러 규격의 새 제품이 나올 때마다 협상을 통해 가격을 새로 매겼다. 그런데 유리 무게, 금형 값 등을 계산해 보니 유리 자체의 무게와 원가가 맞지 않는 것이 많았다. 턱도 없이 비싼 것도 많았다. 유리가 조금밖에 들어가지 않는데 비싼 것들이 있었다. 결국 새 가격 구조를 만들어 냈다. 원가 구조에 대한 완벽한 분석과 실력을 갖춘 덕분이었다. 무작정 압력을 넣어서 거래를 성사시키는 게 아니기 때문에 협력사도 원가를 개선하게 하는 효과가 있었다.

또 다른 도전
기획 참모로의 변신

2차 오일쇼크가 일어나 경기가 얼어붙자 갑자기 할 일이 없어졌다. 제너럴일렉트릭(GE)과 합작을 추진 중이었던 에어컨 사업도 계획을 접을 수밖에 없었다. "그러지 말고 노느니 기획실에 와서 일하는 게 어떻겠느냐"는 제안을 받게 된 배경이다.

GE와의 협상 과정에서 항상 기획실 사람들과 함께 일했기 때문에 서로 잘 알고 있었다. 당시 기획실장은 윤종용 전 삼성전자 부회장이었고 그 위에 정재은 신세계 명예회장(당시 상무)이 있었다. 윤 실장은 얼마 후 사업부로 나갔다.

기획실이라고 듣고 갔지만 도대체 기획실이 뭘 하는 곳인지도 몰랐다. 업무를 파악해 보니 주로 하는 일이라는 게 5개년 장기계획을 수립하는 것과 한 달에 한 번 대표이사의 월례사를 준비하는 것이었다. 아니면 강진구 사장(전 삼성전자 회장)이 요구하는 자료를 올리는 정도였다.

당시 강 사장은 대만의 컬러 TV 방영에 대해 관심이 매우 컸다. 대만은 1969년 컬러 TV를 방영하면서 부품과 부가가치가 완전히 달라지며 전자 산업계 전체가 엄청난 발전을 이뤘다. 한국을 제친 것도 그때부터다.

그래서 그때 우리 전자 산업계의 숙원도 컬러 TV 방영이었다. 강사장은 온 목숨을 걸다시피 하며 청와대에서 김재익 수석 등을 만나 업계의 요구를 전했다. 하지만 당시 박정희 대통령의 생각은 달랐다.

'흑백도 제대로 보급이 안 된 상태에서 컬러 TV가 나오면 국민 정서상 위화감이 생기기 쉽다'는 게 그의 생각이었다.

여담이지만 강진구 사장은 오늘날 삼성전자의 기틀을 다진 위대한 기술 경영인이다. 경기도 용인의 삼성인력개발원에 가면 명예의 전당이 있는데, 현재 유일하게 헌액된 분이 강 사장이다. 강 사장이 있었기 때문에 삼성전자가 LG전자를 앞설 수 있었고 대한민국 전자업계도 한 단계 발전할 수 있었다고 해도 과언이 아니다.

기획실은 회사의 미래 전략과 발전 방향을 세우는 곳이다. 그런데 하는 일은 전혀 그렇지 못했다. 일도 주말에만 바빴다. 강 사장은 주로 서울에서 일을 봤는데, 저녁 늦게 수원에 내려오면 생산사업부장을 불러 혼을 냈다. 그런 와중에 라인끼리 움직이지 기획실 같은 스태프는 낄 틈도 없었다. 모두가 그걸 당연시했다.

"다음 주 월요일, 화요일에 청와대에 들어가니 이런 자료를 만들라"는 사장의 지시가 떨어지면 일주일 내내 빈둥거리던 사람들이 주말 밤을 새운다고 난리가 나곤 했다. '이건 정말 아니다' 싶었다.

이병철 회장은 공장을 세우더라도 꼭 도서실부터 만들어 도서 자료를 갖춰 놓는 분이었다. 도서실이 마침 기획실 옆이어서 매일 그곳에서 살다시피 했다. 그러면서 기획·참모·전략에 관한 책들을 섭렵하기 시작했다. 기획 참모로의 변신이 시작된 것이다.

삼성전자 10년 비전으로
기획통이 되다

한국 제일의 전자 기업 중 하나라는 삼성
전자의 기획실은 오로지 '데일리 오퍼레
이션'만 반복하고 있었다. 그런 업무만으로 삼성의 발전을 기대하기
에는 누가 봐도 무리였다. 한마디로 전략·기획(strategy)이랄 게 전혀
없었다고 해도 과언이 아니었다. 일본의 전략서들을 읽어 보니 장기
적인 전략과 경영 계획을 세우는 게 바로 기획실의 역할이었다.

하루하루의 일처리에만 급급하다 보니 기획실 같은 참모 조직은
도무지 끼어들 틈이 없었다. '주문을 왜 못 맞추느냐'와 '5년 뒤 회사
는 이래야 하는데 넌 무엇을 하고 있느냐'고 묻는 건 완전히 다른 문
제다. 회사의 경영과 운영 자체를 '전략적' 시스템으로 바꾸는 건 기

획실의 역할에 달려 있다는 판단이 서게 된 배경이다.

고민 끝에 생각해 낸 것이 '10년 비전'이다. 목표는 일본의 마쓰시타였다. 10년 내에 그들을 따라가자는 원대한 목표를 세웠다. 우선 마쓰시타에 대한 책을 다 모았다. 그 당시에 벌써 150권에 이를 정도로 많은 책이 나와 있었다.

이와 함께 일본·미국·유럽에서 출간된 전자 산업의 미래와 방향에 관한 책도 모았다. 모두 합하니 200권 정도 됐다. 책을 준비한 뒤 각 사업부별로 일본어를 잘하고 똑똑한 친구들을 20명 파견받았다. 이들이 모여 책을 읽고 정리·요약하고 토론하는 데 6개월이 걸렸다. 그렇게 해서 나온 것이 '삼성전자 10년 비전'이다.

반년에 걸쳐 준비한 자료를 가지고 강진구 사장에게 보고하고 결재를 받으러 갔다. 그런데 이후 확인할 때마다 좀 더 기다리라는 말만 반복했고, 그렇게 한 달이 넘는 시간이 훌쩍 가 버렸다. 그런데 어느 날 강 사장의 명령이 떨어졌다. "전 임원들을 모아서 관련 내용을 브리핑하라"는 말이었다. 아침 8시부터 저녁 8시까지 꼬박 12시간을 강행군했다.

12시간 동안
10년 비전 브리핑

당시는 이건희 회장의 지시로 그룹 감사가 진행 중일 때였다. 하루는 감사팀장이 나를 불렀다. "감사에서 여러 가지 구조적인 문제가 나왔는데, 대책을 어떻게 세워야 할지 잘 모르겠다"는 고민을 토로하던 그는 "10년 계획인지 뭔지 한다는데, 그것 좀 보자. 검토해서 활용하고 싶다"고 요청했다. 10년 비전이 결재가 나기도 전에 주요 항목들이 실천 계획으로 채택되는 지름길이 열린 것이다.

10년 비전 실천의 첫 단계는 구매 부문이었다. 하루 단위로 일하기에 급급했던 구매팀을 구매본부로 격상시켜 장기적이고 전략적인 글로벌 구매 시스템을 만들자는 계획이었다.

마쓰시타를 보니 전 세계에 거점을 마련해 튼튼한 글로벌 경영 시스템이 돌아가고 있었다. 특히 동남아시아 국가별로 '미니 마쓰시타'라고 불릴 정도의 소왕국을 꾸며 놓은 것 같았다. 본토인 일본에선 글로벌 경영본부를 둬 이들을 일사불란하게 관리·감독했다. 이후 삼성이 중국·유럽·동남아본부 등을 만들고 지역별 복합단지를 만들게 된 계기는 바로 마쓰시타의 해외 진출 전략을 벤치마킹한 것이었다.

10년 비전을 준비하면서 가장 절실하게 배우고 느낀 건 '경영의 신'이라고 불리는 마쓰시타 고노스케의 힘이다. 지금도 다른 사람과 마쓰시타의 경영에 대한 이야기를 나눌 때면 그 당시 공부한 내용만 가지고도 전체적인 틀 면에서 절대로 부족하지 않다. 직장 생활 중 그렇게 집중적으로 공부할 수 있는 기회가 흔하지 않다. 삼성의 스태프 조직이 크게 발전한 계기가 되었다.

당시 삼성전자의 관리본부장은 훗날 삼성항공 부회장을 역임한 이대원 본부장이었다. 그때의 관리본부장은 시쳇말로 '사장보다 끗

발이 있는 자리'였다. 돈·사람 관리가 모두 그의 손에 달려 있었고, 사장의 평가까지 모두 관리본부장을 통해 이뤄지니 그야말로 막강한 힘이었다. 이병철 회장 대가 관리본부장 체제였다면, 이건희 회장 대에 들어서며 이를 해체해 사장 중심 체제로 크게 변화하기도 했다.

이대원 관리본부장은 막강한 권한을 가졌음에도 불구하고 굉장히 합리적인 분이었다. 10년 비전에 대한 브리핑을 듣고 얼마 되지 않아 나를 불렀다. "예산 배분을 하다 보니 투자를 결정해야 하는데 이제까지는 주먹구구식으로 해 왔다. 이대로는 안 되겠다 싶은데, 기획실에서 장기적인 전략 계획을 바탕으로 투자 분석을 해 달라." 정말 감사한 일이었다. 사업 계획을 심층적으로 분석하고 가치를 정하니 경영 전반에 걸쳐 굉장한 도움이 됐다. 그때부터 '투자 심사'는 기획실이 한 단계 발전하는 핵심 업무가 됐다.

힘을 가진 사람은 대개 그 힘을 다른 이나 조직에 나눠 주는 걸 꺼리기 마련이다. 하지만 이 본부장은 달랐다. 투자 심사 부문을 넘긴 얼마 후 이 본부장이 또 나를 찾았다. "지금 인사를 우리가 맡고 있는데, 인사라는 건 조직의 전략에 엄청 중요한 요소다. 그런데 우리는 행정적으로만 대하게 된다. 인사 전략이라는 게 부족하다." 결국 기획실이 인사까지 맡게 됐다. 그러다 나중에는 상품 기획, 전략까지 기획실의 일이 됐다. 회사의 모든 장기 전략과 기획에 인사까지 맡게 된 것이다. 돌이켜 보면 그때처럼 기획의 책임이 막중하고 회사 경영의 중심 역할을 수행했던 때도 없지 않나 싶다. 훌륭한 인재도 많이 모여들었고 오늘날 삼성전자의 기본적인 틀을 만드는 데 역사적인 일들을 수행했다는 큰 보람을 간직하고 있다. 우리나라 기업의 기획 부문 역사상 최전성 모델이라고 생각한다.

기획이나 전략팀은 시키는 일만 하는 조직이 아니다. 환경 변화를 예측하고 기업의 가장 중요한 과제를 분석해 미리 대비하고 준비해야 하는 게 이들의 역할이다. 심지어 CEO보다 위의 차원에서 미래를 보면서 미리 준비해야 한다. 그렇지 않으면 무엇이 됐든 그저 따라가기에만 급급해진다. 당시 기획실 사람들에게 늘 이렇게 이야기했다. "수권태세를 갖추자." 어느 날부터인가 주말만 되면 야근에 허덕이던 기획실은 사라졌고, 토요일 오후만 되면 모두 놀러 다니기 바빠졌다. 미리 예측하고 미리 준비하는 전략적 노력의 결실이다.

CEO보다 먼저
이슈를 내놓아라

그때부터 시작된 대표적인 기획실 업무가 정보 자료 스크랩이다. 이들을 모아 정보 파일을 만드는 것이다. 4단 파일 박스 20개를 준비해서 이슈별로 분류해 모아 놓은 후 시간이 날 때마다 꺼내서 종합해 정리했다. 이슈를 미리 준비하자는 의도였다. 그때부터 사장이 얘기하기에 앞서 기획실에서 먼저 이슈를 내놓기 시작했다.

기획실 사람들이라고 책만 읽고 뜬구름 잡는 이야기만 파고든 건 아니었다. 각 사업부에 찾아가 조직원의 의견을 듣고 함께 개선 전략도 수립했다. 사업부별 경영 진단과 컨설팅 역할을 이미 그때부터 시작한 것이다.

처음에는 경계심을 갖던 사업부장들이 스스로 진단을 의뢰할 정도로 인기가 생겼다. 기획실이 제 역할을 찾기 전까지 '그런 조직이 있는 줄도 모르는' 사원이 많았던 걸 생각하면 놀라운 변화였다. 그렇게 전 세계 전자 업계의 흐름을 살피고 앞서 가는 글로벌 기업의 모델 등을 배우며 기획이라는 분야를 발전시켜 나갔다.

1979년 12·12사태로 전두환 정권이 들어섰다. 얼마 후 '국가보위비상대책위원회'(이하 국보위)가 만들어졌는데, 그야말로 엄청난 힘을 가진 조직이었다. 당시 국보위의 가장 중요한 과제는 바로 전자 산업을 살리는 일이었다.

김재익 경제수석이 '전자 산업 5개년 계획'을 만들었고, 국보위 안에 전담 팀을 따로 뒀다. 상공부 안에 전자국장을 팀장으로 세우고 대기업과 중소기업진흥회 등에서 10여 명 정도를 모아 만든 실무팀이다. 이곳에 차출돼 6개월 가까이 함께 작업했다. 마침 '삼성전자 10년 비전' 덕분에 전 세계 자료를 다 모아 분석해 놓은 터라 핵심이 되는 자료는 우리가 다 갖고 있었다.

서슬 퍼런 시절이었지만 일 자체는 정말 재미있었다. 그 과정에서 컬러 TV도 방영됐고 반도체·통신 등 전자 산업 발전을 가속화하는 큰 기틀을 준비할 수 있었다. 그때 청와대 비서관이 오명 전 부총리다. 오 전 부총리는 이후 정부와 대학 등에서 많은 업적을 쌓았지만, 김재익 수석은 아웅산 테러로 일찍 세상을 떠났다. 더 오래 일했어야 하는 인재인데, 지금 생각해도 안타깝기 그지없다.

삼성전자의 10년 비전, 국보위 전담 팀 결성 등 타이밍이 절묘하게 맞아떨어졌다. 그 덕분에 정부 정책을 결정하는 과정에도 늘 참석할 수 있었다. 1980년 말에 이뤄진 컬러 TV 방영도 이런 배경 덕분에 가능했다.

컬러 TV 방영과 소비자금융(할부 금융)을 동시에 터뜨리자 그 시너지 효과가 엄청났다. 한국의 전자 업계가 지금처럼 성장하게 된 계기다. 국보위만 통과하면 일사천리로 일이 진행되니 일하는 사람 입장에선 재미를 느낄 수밖에 없었다.

일본, 미국, 한국의
놀라운 혁신 비화

1980년대 초반 삼성전자에 '생산기술센터'가 세워졌다. 이를 바탕으로 금형 기술, 자동화 시스템 기술 등 생산기술이 비약적으로 발전했다.

"핵심이 되는 품질을 유지하기 위해선 금형만큼은 내부에서 해야 한다. 자동화기기는 전부 미국과 일본에서 고가에 사 오고 있는데, 이를 내재화해 비용을 아껴야 한다." 이런 주장을 펴며 센터를 만들자고 제안했다.

금형 공장을 내부에 만들기로 한 데에는 당시 금성사(현 LG전자)와의 경쟁 비화가 숨어 있다. 그때만 하더라도 금성사의 가전제품 품질이 삼성을 앞서 있던 게 사실이다. 엔지니어로서 품질 경쟁력의 차이가 무엇인지 연구하는 건 당연했다.

마침 금성사 출신으로 삼성에 입사한 사람이 꽤 많았다. 이들을 모두 기획실로 불러 모아 난상토론을 벌였다. 그때 알게 된 것이 '금성사 품질의 기본은 부품에서 나오고 부품의 품질은 금형, 즉 정밀가공에서 나온다'는 것이었다. 금성사는 한국 금형 기술의 역사적 산실로서 금형 인재 육성 등 금형 산업 발전에 중추적 역할을 수행해 오고 있었다.

반면 삼성의 금형은 모두 협력 업체, 즉 외주로 진행하고 있었다. 일정 수준까지 품질이 향상될 수는 있어도 더 이상은 기대하기 어려운 이유였다. 더구나 지금과 같은 동반 성장 개념도 없을 때다. 금성사 출신 지원들은 이구동성으로 "생산기술을 키우지 않으면 삼성이 클 수 없다"고 말했다.

돈이 없어 전전긍긍하던 시절이었지만, 투자 심사를 맡고 있던 기획실과 당시 기술연구소장이었던 임경춘 전 삼성전기 사장, 삼성자동차 부회장과 의기투합해 기술센터를 만들었다.

제조업 경쟁력의 비밀,
정밀가공 기술

재미있는 건 금성사도 삼성의 고도성장을 분석하고 있었다는 사실이다. 그때 금성사는 "우리는 쓸데없이 투자하느라고 스피드가 늦다. 우리도 그런 데(금형) 돈 쓰지 말고 정밀가공은 외주로 돌리자"고 판단했다고 한다. 그때부터 금성사의 정밀가공 기술이 약해지기 시작했다는 게 중론이다. 한참 후 휴대전화 개발 경쟁에서 삼성이 초단납기 금형 가공 시스템을 기반으로 앞서갈 수 있었던 이유기도 하다.

1986년 삼성전기로 발령을 받았는데, 부품 회사인데도 정밀가공을 소홀히 하고 있었다. 당연히 품질과 생산성 문제로 고생할 수밖에 없는 구조였다. 일본의 초정밀 베어링 업체인 미네베아(미니어처 볼베어링)에서 초정밀가공 기술을 배우고 금형 공장을 벤치마킹하여 클린룸에 마룻바닥을 깔고 캐드캠(CAD/CAM) 시스템을 도입하여 금형 공장을 새롭게 혁신했다. 금형과 같은 초정밀가공 기술은 제조업의 핵심 역량이다. 항상 기업 내부에서 잘 키워야 하는 차별 요소라는 것은 두말할 필요가 없다.

생산기술센터를 세우고 나서도 기술을 업그레이드하기 위해 정밀가공 전문가를 찾아다녔다. 대표적인 사람이 한정빈 고문이다. 대학 동창이지만 압축기 사업을 시작하면서 미크론 단위의 정밀 게이지를 국산화하기 위해 찾아다니다 다시 인연을 맺었다. 당시 기계금속연구소의 정밀기술센터(FIC) 책임자로 일하고 있었는데 한국 정밀가공 기술의 대부라고 할 수 있다.

한 고문의 합류는 삼성의 생산기술이 몇 단계 발전하게 된 계기가 됐다. 훌륭한 인재를 찾아 적재적소에 배치하는 것은 기업의 성장 과정에서 무엇보다 중요한 일이다. 기술이 얼마나 중요한지 인식하고 그와 관련된 전문가를 확보하는 것, 이 두 가지는 제조업의 성패를 가르는 핵심 요소다. 한 고문은 지금도 삼성의 고문으로 정밀가공 부문을 지도하고 있다.

앞서 말했듯 1979년 2차 오일쇼크로 가전 수요가 줄고 품질 문제가 대두되면서 전자 업계는 위기를 맞았다. 그러나 이 시기는 일본의 품질 혁신 역사를 배우게 된 계기기도 하다.

일본은 1차 오일쇼크로 원자재 가격이 오르고 미국의 수입 억제 정책 등 수출 경쟁력이 한계에 부딪히며 전자 업계가 적자로 빠져들었다. 그러나 이를 계기로 품질, 원가, 생산성 등 모든 부분에서 '마른 수건도 다시 짠다'는 표현대로 뼈를 깎는 혁신을 추진했다.

품질 면에서는 제조 부문을 중심으로 추진해 온 단순한 품질관리(QC)를 전사적 품질관리(TQC, Total Quality Control) 체제로 완전하게 뜯어고쳤다. 품질은 제조 부문의 힘만으로 이룰 수 없나. 사람의 실, 부품의 질, 사무행정의 질 등 모든 부문의 품질을 함께 혁신해야 한다는 총체적인 노력을 결집시켜야 한다는 개념이다.

생산성 혁신을 위해 도요타 생산방식이 모든 기업으로 확산되고 산업공학(IE) 전문가들을 육성하여 생산성 향상 기법을 개발하는 등 기업마다 생산성 향상에 총력을 기울였다.

원가를 절감하기 위해 가치 혁신(VE, Value Engineering)도 도입했다. 일본 모든 업체가 이를 경쟁적으로 도입 추진했다. 1970년대 후반이 되니 세계에서 싸고 좋은 제품을 가장 빠르게 만드는 제조 왕국 즉《재팬 애즈 넘버원 Japan as No.1》(1979)이라는 베스트셀러의 표현대로 세계에서 가장 우수한 제조업 경쟁력을 갖춘 나라가 됐다.

1980년대 들어서 미국의 제조업 경쟁력은 원가·품질·납기 등 모든 면에서 일본에 뒤지게 됐다. 급기야 제조업의 공동화가 일어났다. 수많은 미국 내 제조업체들이 문을 닫거나 말레이시아·싱가포르·중국·태국 등 값싼 아시아의 노동력을 찾아 나오기 시작했다. 아웃소싱 체제가 시작된 것이다.

1970년대부터 1980년대 말까지 일본은 그야말로 제조업의 왕국이었다. 세계 2위의 경제 대국으로 올라선 것이다. 그렇다고 해서 미국인들이 실의에 빠져 마냥 손을 놓고 있었던 것은 아니다. 오히려 '희망을 잃지 말고, 일본에서 배우자'는 분위기가 무르익었다. 많은 전문가들이 일본을 벤치마킹했고, 정부는 일본 기업들이 미국에 직접 진출하도록 유도했다. 미국에 일본식 혁신이 도입되기 시작한 것이다.

그때부터 도요타·닛산 등이 본격적으로 미국에 진출했다. 일본이 미국에 직접 공장을 짓는 사이 일본만의 비밀스러운 혁신 방법론들이 미국 산업계에 퍼져 나가기 시작했다. 도요타의 생산방식을 매사추세츠공과대(MIT)가 연구해 만든 것이 '린(LEAN) 프로덕션 시스템'이었다. 도요타 생산방식을 미국에 맞도록 만든 혁신 방법론으로 미국 업계에 전파됐다.

일본이 미국을 앞서게 된 배경은 또 있다. 바로 '합의제도' 혹은 '사전 조율'이다. 신차 개발을 예로 들어 보자. 1990년대 들어 일본의 신차 개발은 평균 3년이 걸렸다. 반면 미국은 두 배, 즉 6년이라는 긴 시간이 필요했다. 당연히 투입된 비용 등에서의 경쟁력은 비교할 수조차 없었다. 미국은 디자인·설계·제조 등 각각의 파트가 서로 자신들의 주장을 관철하기 위해 싸우기 바빴다. 그러다 보니 경쟁력이 떨어지고 납기도 늦어진 것이다.

일본은 관계자들이 사전에 모여 문제점을 토론하고 조정하는 합의제도가 있었다. 미국은 이를 본떠 '동시 개발'(Concurrent Engineering)을 도입하고 한발 더 나아가 '비즈니스 프로세스 리엔지니어링'(BPR, Business Process Reengineering)이라는 방법론을 만들어 일하는 방법을 뜯어고치고, 앞서 가는 정보 기술을 활용하여 '전사적 자원관리'(ERP, Enterprise Resource Planning) 시스템을 개발, 확산시켜 나갔다. ERP를 도입하면 내가 한 업무가 자동으로 그 데이터가 필요한 부문으로 가게 돼 있다. 시스템을 통해 모든 정보가 공유되고 자동으로 처리되는 것이나. 성보 기술(IT)은 미국이 일본보다 나았기에 가능한 시스템이었다. 1990년대 들어 일본은 잃어버린 10년, 20년을 맞게 된다. 반면 미국은 1990년대 들어 10년간 승승장구했다. 모두 범국가적인 경영 혁신 덕분이었다.

한국 제조업이 잘나가는 이유

오늘날 한국 기업이 잘나가는 배경도 비슷하다. 한국은 1960~80년대에 일본을 열심히 드나들며 품질·생산성·원가·공장 관리 등을 모두 배웠다. 기술 도입도 많이 이뤄졌는데, 같은 한자 문화권이어서 이해하기도 쉽고 배우는 속도도 빨랐다.

1990년대 들어서는 일본식 혁신론에 이어 미국식 식스시그마를 추가로 도입했다. '식스시그마'는 일본의 TQC를 넘어서기 위해 모토로라가 창안하였다. 당시 일본의 불량률은 0.1% 수준으로, 미국보다 10배 이상 앞서 있었다. 즉 당시 일본 기업에서 제품을 100만 개 생산할 때 1,000개 정도의 불량품이 발생했는데, 식스시그마는 이를 3.4개로 줄이는 것을 뜻했다. 이는 일본의 고품질을 근본적으로 극복하자는 미국 기업의 의지의 표현이었다.

식스시그마는 1995년 제너럴일렉트릭(GE) 웰치 회장이 식스시그마를 받아들여 기업 전 부문에 확산시키며 유명해졌다. 모토로라는 제조 부문에 국한해 적용했지만 GE는 이를 경영 전반에 도입해 성공한 것이다. 한국 기업에는 1996년 LG와 삼성SDI가 미국식 식스시그마를 도입하면서 확산되었다.

미국의 BPR이 한국에 들어와서는 '프로세스 이노베이션' 등으로 바뀌었다. 도입 속도도 굉장히 빨랐다. 하지만 일본은 미국의 혁신 방법론을 무시하며 배우지 않았다.

그 사이 한국은 일본 것에다 미국식 방법론까지 도입해 융합하며 혁신을 가속화할 수 있었다. 굉장히 강력한 제조업 기반이 만들어진 것이다. 제조 경쟁력의 혁신이 일본에서 시작돼 미국으로, 다시 한국으로 이어지고 있는 사연이다.

Part 3

혁신의 방법

방문판매 도입으로
경쟁사를 따돌리다

일본은 2차 오일쇼크를 겪으며 산업(제조업)의 혁신에 눈을 떴다. 그러면서 수많은 경영 컨설팅 업체들이 생겨났는데, NEC컨설팅도 그중 하나다. 삼성전관(현 삼성SDI)이 NEC와의 합작회사였으므로 삼성전자도 NEC 컨설팅의 도움을 많이 받았다.

이들은 틈만 나면 원가·생산성 혁신 등을 배우라고 권유했다. 제일 먼저 들고 온 것이 가치 혁신(VE, Value Engineering)이었다. 당시 기획실에 근무할 때였는데, '이걸 도입하면 적자에 허덕이는 사업부의 실적 개선이 가능할 것 같다'는 판단이 섰다.

하지만 문제는 컨설팅에 대한 가치 인식이 부족한 시절이라 컨설팅 비용이 너무 비싸다는 비판의 목소리만 높고 사업 책임자들 가운데 아무도 호응해 주는 이가 없었다는 것이다. 당시엔 '과학적 방법론'에 대한 개념도 부족하고 컨설팅의 효과에 대해서도 경험이 전무하다시피 했다. "그런 건 돈만 든다"는 인식이 팽배했다.

그러던 차에 냉장고 사업부장이 생각났다. 압축기 공장에서 같이 일했던 분이었다. "비용은 회사에서 부담할 테니 사업부 비용 부담은 없다. 대신 매월 경영회의에서 사업부 경영 실적을 발표할 때 VE 효과 금액을 별도로 분석해 발표해 달라"며 설득했다. 마침 냉장고 부문의 적자 폭이 컸다. 사업부장은 지푸라기라도 잡는 심정으로 VE 도입을 결정했다.

VE와 관련해 마쓰시타 고노스케 회장의 유명한 일화가 떠오른다. 고노스케 회장이 오디오 사업 부문을 개선할 때의 일이다. 사업부를 찾아가 "어떻게 개선할 거냐"고 물으니 "노력하고 노력해 원가를 3% 개선하겠다"는 대답이 나왔다.

이에 고노스케 회장은 "부품을 다 가져와 뜯어보라"고 지시했다. 그러고는 부품 하나하나를 집어 들며 "꼭 필요한가, 재질을 바꾸면 안 되겠나"라고 물어 결국 원가를 30%까지 줄였다. "3% 개혁은 어려워도 30% 개선은 쉽다"는 격언을 남긴 에피소드다. 당시 VE 계통에서는 신화 같은 이야기였다. 기업의 혁신을 이끌면서 정확한 수치를 요구하는 것과 아닌 것은 받아들이는 사람의 생각 자체를 다르게 한다.

냉장고 엔지니어들이 VE를 배우며 NEC컨설팅 전문가들과 머리를 맞대고 VE 분석과 개선 방법에 대한 토론을 거듭했다. 효과는 예상보다 빨리 나타났다. 한 달에 몇천만 원씩 적자가 나던 사업부가 두 달째부터 적자가 줄기 시작하더니 몇 달 안 가 흑자로 돌아서기 시작한 것이다. VE 도입에 냉랭했던 다른 사업부장들도 냉장고 사업부장이 VE를 통해 적자를 줄였다고 하니 거꾸로 "우리는 왜 안 해 주느냐"고 얘기하기 시작했다. VE가 삼성에 정착된 계기다. 어떤 일이 됐든 과학적 방법론과 주먹구구식의 결과는 천지차이가 날 수밖에 없다.

삼성의 VE 도입 사례에서 배울 수 있는 건 '혁신은 가장 효과가 날 수 있는 곳부터 적용한다'는 것이다. 올코트 프레싱(All-court Pressing, 전면 압박 수비)을 하면 성공과 실패가 뒤섞이거나 부정적 인식이 확산되기 쉽다. 맨 처음에는 한두 개 적합한 곳을 찾아 총력을 기울여 성공시킨 후 이를 바탕으로 전사적인 전개에 나서는 것도 좋은 방법이다.

한국 최초로 도입한 '방판' 조직

금성사(현 LG전자)는 1959년에 설립됐다. 삼성은 1969년에 설립되었으니 10년이나 뒤진 셈이다. 기술력뿐만 아니라 판매망도 금성사를 쫓아가기에는 한참 뒤처져 있었다. 대표적인 예가 대리점이다.

당시 우스갯소리로 "대한민국의 지방 유지들은 모두 가전 대리점을 한다"는 말이 있었다. 돈 좀 있는 지방 유지들이 앞다퉈 가전 대리점을 냈고, 그 덕분에 금성사는 전국에 강력한 대리점망을 갖출 수 있었다.

경제적 역량을 갖춘 사람들이 지역의 가장 좋은 길목에 대리점을 냈다. '흑백 TV 한 대 팔면 땅이 한 평 남는다'는 말이 돌 정도로 실제 이윤도 많이 남던 시절이었다. 대리점 부지 땅값이 크게 올라 부자가 된 사람도 많았다. 이에 비해 삼성은 상대적으로 대리점의 입지나 대리점주의 역량이 모두 떨어졌다. 시장점유율에서 금성사와 대한전선에 뒤진 가장 큰 이유였다.

판매 네트워크는 약한데 판매 실적을 늘리다 보니 부실이 등장하기 시작했다. 채권이 회수되지 않는다든지 대리점이 망하는 일이 이어졌다. '밀어내기식' 판매에 급급하다 보니 팔수록 적자가 커지는 지경에까지 이르렀다. 그렇다고 판매 목표를 줄일 수도 없는 노릇이었다.

그때 기획실에서 '10년 비전'을 만들며 봤던 많은 책 중《샤프의 아톰부대(シャープATOM隊は挑戦する)》(1978)라는 책이 떠올랐다. ATOM은 '시장 공략'(Attacking of Market)을 뜻하는 영어 조어다. 샤프는 마쓰시타·히타치·도시바 등의 일본 전자 업체 중 후발 주자였다. 그러다 보니 삼성과 마찬가지로 대리점망이 취약했다. 샤프가 고전하다 생각해 낸 것이 '꼭 점포만 고집할 게 아니라 방문판매를 하자'는 아이디어였다.

샤프는 곧바로 '방판'팀을 따로 조직했다. 젊고 준수한 직원들을 선발해 훈련시켰다. 넥타이를 매고 단정한 양복에 '007가방'을 든 핸

섬한 청년들이 집을 방문해 "샤프에서 왔다. 가전제품을 쓰는 데 불편한 점은 없느냐. 우리가 봐 드리겠다"며 접근하자 판매량이 기하급수적으로 늘기 시작했다. 인적 판매 네트워크를 만들어 대성공을 거둔 것이다. 오늘날의 샤프가 있게 된 비결이다.

책을 보고 '금성사를 이기는 길은 우리도 아톰대를 양성해 방판 조직을 만드는 것뿐'이라는 결론을 내렸다. 영업본부장을 설득해 아톰대 양성에 나섰다. 작고한 고(故) 남궁석 전 정보통신부 장관이 영업본부장을 할 때니 1981년 즈음의 일이다.

영업본부에선 "기획실에서 제안했으니 기획실에서 교육을 맡으라"고 요구했다. 이에 따라 끈질기고 전략적 사고를 지닌 사람을 한명 뽑았는데, 그가 박을석 부장이다. 박 부장은 그진에 진사적 품질 관리(TQC)를 추진할 때도 함께한 경험이 있었다. 박 부장은 "갑자기 일을 하라 하는데 뭘 어떻게 해야 하느냐"고 물었다. 하지만 사실 나도 책 한 권 읽은 게 전부였다. 고민 끝에 "당장 일본에 가서 이 책을 쓴 컨설턴트를 직접 만나 배우는 게 좋겠다"고 조언했다. 박 부장은 정말로 책 한 권 달랑 들고 일본행 비행기에 올랐다.

외상 거래 관행을 척결하다

"샤프의 아톰대는 내가 컨설팅해서 성공한 게 맞지만 가까운 한국의 동종 업체를 도와줄 수는 없다." 저자는 정중히 고사했다. 하지만 박 부장은 거기서 멈추지 않았다. 매일 사무실 앞에서 죽치고 기다리기를 반복했다. 그렇게 일주일 정도를 버티니 일본인 컨설턴트도 박 부장의 열정에 감동했다. "얼마나 진지하면 이렇게 열성적으로 원하는가. 당신이라면 내가 돕겠다"는 답이 돌아왔다.

고졸 사원 중 깐깐한 심사를 통해 '아톰대'를 뽑았다. 유격대 훈련 같은 정신 극기 훈련도 시켰다. '무박 100킬로미터 행군'까지 했다. 이들에게 007가방을 쥐어 주고 멋지게 시작했다. 또 그 밑에 주부 사원을 두고 훈련시켜 방문판매를 도왔다.

결과는 대성공이었다. 한창 많을 때는 주부 사원만 1만 명을 넘은 때도 있었다. 밀어내기 판매를 하지 않고도 금성사를 따라잡게 된 배경이다. 박 부장은 나중에 회사를 나와 '아톰대' 원 저자의 도움을 받아 컨설팅 회사를 차려 큰 성공을 거뒀다.

1984년이 되니 도산하는 대리점들이 생기기 시작했다. 1970년대는 땅값이 두세 배 계속 뛰는 상황인지라, 가전제품을 받아서 외상 거래 기간 동안 땅을 사 두면 그 시세 차익만으로도 이익을 많이 보던 황금기였다. 하지만 오일쇼크로 땅값이 폭락하고 물건도 팔리지 않기 시작했다. 거래가 끊기고 땅값도 폭락할 수밖에 없었다. 절반 이상의 대리점이 문을 닫았고 이는 금성사도 마찬가지였다.

'왜 외상 거래를 하나'라는 의문이 든 것도 그 즈음이었다. '10년 비전'을 기획하며 마쓰시타에는 현금 거래만 있다는 사실을 알고 있던 터였다. 마쓰시타는 거치 기간 없이 다음 달 15일까지 돈을 다 받았다. 그러니 부실도 없었다.

'이걸 배우자. 우리도 그렇게 하자'고 생각했다. 대신 우리는 이미 깔아 놓은 게 있으니, 거치 기간을 정해 대리점 형편에 따라 갚을 수 있도록 제도를 만들면 됐다. 2~3년만 고생하면 우리도 현금 거래를 할 수 있고 정상적인 실 판매를 늘릴 수 있다는 판단이 섰다.

당시 홍진기 전 중앙일보 회장이 전자 계열사를 관리하고 있었는데, 이분에게 분석표를 만들어 보고서로 올리며 현금 거래로 바꿔야 한다고 건의했고 결국 받아들여졌다.

3.2

사무 혁신으로
창조 기업으로 거듭나다

삼성전자는 1983년까지만 하더라도 전자 레인지를 생산할 수 있는 핵심 기술이 없었다. 전자레인지 제조에서 가장 중요한 부품은 마그네트론이라는 고주파 발생 장치다. 일본과 미국 등이 자체 생산기술을 갖고 있었는데 일본이 미국의 수준을 따라잡아 경쟁력 면에서 압도하고 있던 시절이다.

그즈음 마침 북미 필립스(NA필립스)가 마그네트론 사업을 포기하기에 이르렀다. 미국 본토에 공장까지 잘 세워 놓았지만 일본산 제품에 밀려 사업성이 떨어졌기 때문이다. 공장에 직접 가 보니 유럽에서 이제 막 가져와 포장도 뜯지 않은 설비도 있었다. NA필립스는

'아무리 계산해 봐도 일본을 이길 수 없다'는 결론을 내린 상태였다. 매각 대상을 찾고 찾다가 우리에게까지 접근한 것이었다.

기획실에서 투자를 심의하고 있던 터라, 나는 자동적으로 간사 역할을 맡게 됐다. 결론부터 말하면 원가의 4분의 1 가격에 사들였다. 한마디로 대성공이었다. 드디어 삼성전자의 전자레인지 공장에 마그네트론 자체 생산 설비가 갖춰진 것이다. 경쟁력 향상은 당연했다.

당시 NA필립스와의 협상 과정에서 깨달은 게 있다. '무조건 돈을 더 못 준다고 하는 건 설득이 아니다'라는 것이다. "일본 제품의 원가가 이런 구조인데, 한국에서 NA필립스 설비를 가져와 선적하고 설치하고 자체 생산했을 때 이 정도 비용이 나온다"라고 조목조목 예상 비용과 가격을 일일이 표로 만들어 제시했다. 그러면서 "원가의 25% 정도 돼야 우리도 채산성이 맞는다"고 설득했다. 우리의 주장이 납득되고 이해되니 그들도 순순히 이를 받아들였다.

"당신들이 실패해서 우리에게 팔았는데, 그 기술과 설비로 또 실패한다면 너희들의 명예도 한 번 더 실추된다. 더 이상 팔 곳이 없으면 어차피 버려져야 하는데, 그건 더 큰 실패다. 그러니 삼성의 요구에 맞춰 달라." 지난했지만 합리적인 설득 과정 끝에 1,000만 달러의 설비를 250만 달러에 사들였다. 그때 만일 일본이 이런 협상 사실을 알았다면 일본 업체들끼리 돈을 모아서라도 매물을 사들였을 것이라고 확신한다. 그랬다면 우리는 아직도 일본보다 못한 전자레인지를 만들고 있을 것이다.

이 일로 나는 일본이 세계시장을 제패하고 있는 품목 가운데 원천 기술은 유럽이나 미국의 기업들이 가지고 있는 경우가 많다는 사실에 주목하게 되었다. 삼성종합기술원장 시절에 러시아를 비롯한 동유럽의 원천기술에 관심을 가지고 20여 개의 연구분소를 설치하게 된 것도 이때의 경험에서 비롯된 것이다.

간소화·규격화
일본의 '마루J 운동'

삼성은 신규 사업의 실마리를 일본이 세계 1등 하는 것에서 찾는 경우가 많다. 이병철 회장의 '도쿄 구상'에 그 뿌리가 있을 것이라 생각한다. VTR·전자레인지·카메라 등이 대표적이다. 서구의 기업이 1등하는 것을 추월하는 것은 어렵다. 우리 체질과 맞지 않기 때문이다. 그러나 일본이 1등을 한다는 것은 우리 체질과도 맞는 것이 많기 때문에 '우리가 더 잘할 수 있다'는 뜻도 된다. 삼성의 세계 1등 제품 중 과거에는 일본이 1등이었던 제품이 많은 이유다.

반도체도 그렇다. 어떤 반도체 사업을 선택할지 고민하던 중 당시 미국이 1등을 하던 CPU 사업을 포기하고 일본이 1등을 하던 메모리 반도체 사업을 선택하게 된 것도 같은 맥락으로 이해할 수 있다.

제조나 구매 혁신 못지않게 중요한 게 '사무 혁신'이다. 바꿔 말하면 간접 부문의 효율화다. 일본은 제조 부문의 혁신을 사무까지 연결했다. 일본 혼다자동차에서 처음 시작된 '마루J 운동'이 대표적이다. 일본어로 '마루'(丸, まる)는 '완벽한' '제로' 등을 가리키는 말이다.

여기에 사무를 뜻하는 '지무'(事務, じむ)의 J를 합쳐 만든 말이 마루J 혁신 운동이다. 삼성도 이를 배워야 한다고 생각했다.

그 당시 사무실의 풍경을 떠올려 보면 가장 먼저 생각나는 게 바로 캐비닛이다. 요즘은 파일 박스를 쓰거나 그도 아니면 PC에 저장해 놓지만 예전에는 캐비닛이 주요 서류 저장소였다. 하지만 캐비닛은 정리정돈과는 거리가 멀었다. 쓸데없는 물건이 자리를 차지하기 일쑤였다.

제일 먼저 한 일은 파일 박스 하나 크기와 책상 아래쪽 서랍 크기가 똑같도록 통일하고 여기에 적합하게 서류 규격을 통일한 것이다. 체계적인 파일링 체계를 갖추기 위해서였다. 서랍별로 용도를 지정했나. 모든 진행 서류는 책상 아래 파일 박스 크기의 서랍에만 보관하게 했다. 또 진행·완료 등 사안별로도 정리하도록 하여 본인이 없어도 누구나 쉽게 찾을 수 있게 했다.

그 당시 대표적인 표어가 '1매 Best, 2매 Better'다. 보고를 간소화하자는 것이다. "노르망디 상륙작전의 보고서가 8페이지인데 왜 이렇게 두꺼운가?"라는 소리를 많이 들었다. 이런 사무 혁신 시스템이 정착되기까지 3년 정도나 걸렸다. 서류가 차지하는 업무와 공간의 비효율성이 얼마나 컸는지, 관습을 고치는 것이 얼마나 어려운지 보여 주는 방증이다.

당시에는 군의 사무 혁신이 가장 앞서 있었다. 어느 날 포항제철의 박태준 회장이 군의 사무 혁신 전문가를 찾아 제대시켜 데려갔다는 얘기를 들었다. 포항제철의 사무 혁신을 벤치마킹하며 그 전문가를 만나 많은 도움을 받았고 우리도 직접 지도를 받기도 했다.

파일링 체계를 갖추기 시작하면서 눈에 띈 것이 있다. 바로 컴퓨터다. 모든 서류를 컴퓨터에 집어넣고 관리하는 게 필요하다고 생각했다. 즉 정보시스템에 눈을 뜨기 시작했다는 말이다. 일본은 정보시스템에서 우리보다 훨씬 앞서 있었다. 미국에 IBM이 있다면 일본에는 NEC, 도시바와 히타치가 있었다. 각 그룹마다 이미 자체 기술로 컴퓨터 시스템을 개발해 쓰고 있었다.

사무 혁신에 성공하니 정보시스템 도입도 쉽게 이어졌다. 대부분의 회사들은 사무 혁신 없이 정보시스템만 도입하는 경우가 많다. 그러다 보면 불필요한 정보도 넣어 두게 된다. 자동화·정보화도 좋지만 사람의 손으로 일단 개선해 놓은 후 이를 시스템에 적용해야한다. 그렇지 않으면 시스템이 아니라 쓰레기통이 되기 십상이다.

전사적 자원관리(ERP)를 도입할 때도 먼저 프로세스를 혁신하고 나면 시스템이 잘 돌아간다. 많은 관리자나 경영자들이 시스템만 도입하면 모든 게 잘 돌아갈 것이라고 생각하지만 이는 대단히 잘못된 생각이다.

'관리의 삼성'에서 '창조의 삼성'으로

마루J 운동 성공의 대표적인 예는 '혼다'다. 사무 혁신과 정보시스템이 제일 앞서 있던 기업이 바로 혼다였다. 우리도 혼다의 전문가를 초빙하기도 하고 직접 일본에 찾아가 배우기도 했다. 처음 혼다에 갔을 때 이런 질문을 받았다.

"합리적으로 문제를 해결하는 방법이 뭔지 압니까?"

그게 바로 'KT 방법론', 즉 미국의 케프너(Kepner) 박사와 트레고(Tregoe) 박사가 고안해 낸 문제해결 사고 프로세스다. 혼다는 직원들에게 그걸 다 가르쳤다고 자랑했다. 삼성전자도 1986년 이를 도입해 전사적으로 교육했다.

재미있는 일화가 있다. 마쓰시타와 혼다가 큰 프로젝트를 공동 추진한 적이 있다. 마쓰시타는 굳이 비유하자면 삼성 같은 회사다. 관리를 잘하는 기업이란 뜻이다. 반면 혼다는 창의적이고 자유분방한 회사로 이름이 높다. 마쓰시타 사람들은 혼다 사람들을 보며 "저렇게 제멋대로 하면서 어떻게 안 망하나"라고 말했다. 반면 혼다는 마쓰시타를 보며 "어떻게 저렇게 숨 막히게 틀에 박혀서 일하느냐"라며 안타까워했다고 한다.

지난 20여 년간 삼성은 '관리의 삼성'을 벗어나 '창의의 삼성'으로 변화하려 노력해 왔다. 21세기는 창조 경영의 시대라는 말도 있지 않은가. 관리의 삼성이라는 틀을 깨는 데는 엄청난 노력이 필요하다. 1988년 이건희 회장이 취임하면서부터 한 얘기가 '창의·창조'다. 이를 위해 제2창업 이념도 '자율 경영, 기술 중시, 인간 존중'으로 정했다. 진정한 인간 존중을 바탕으로 참다운 자율 경영이 이루어지면 창의적 기술이 꽃을 피울 것이라 믿었기 때문이다.

1993년 신경영은 이를 가속화하기 위한 건곤일척의 노력이었다.

이 회장은 지금도 "20년 넘도록 노력했는데, 아직도 갈 길이 멀다"고 얘기한다. 그만큼 한 조직과 기업의 문화를 뜯어고친다는 것은 어렵다. 모든 임직원이 필요성을 공감하고 동참하는 변화 관리 과정이 필요하기 때문이다.

한국 1등 만든
대리점 개혁

1984년부터 2년간 삼성전자 국내영업부문 마케팅실장으로 근무했다. 경쟁사와의 피 말리는 싸움, 어려워진 경제 여건 등으로 판매 부문에서 너 나 할 것 없이 고생하던 때였다. 대리점이 도산해 나가고, 밀어내기 판매가 이뤄지면서 담당자들의 스트레스도 절정에 달했다.

마케팅실로 발령받은 후 제일 먼저 결심한 것이 '전국의 대리점망(영업망)을 살리자'는 것이었다. 그러려면 회사와 대리점 간의 무너진 신뢰 관계를 다시 쌓는 게 시작이었다. 대리점이 믿고 따라올 수 있는 정책적 일관성 그리고 정도 경영이 답이라는 결론을 내렸다. 다음으로 중요한 것은 점주 교육이었다. 좋은 입지에 자리 잡은 경쟁사의 점주들보다 뛰어난 역량을 가지도록 하는 게 중요했다.

당시 도시바에서 현역으로 일하던 영업 책임자 한 분을 소개받았는데 그에게서 참 많은 걸 배웠다. 그는 한 달에 한 번, 금요일 밤 제일 늦은 비행기로 한국에 들어와 주말 동안 열심히 가르치고 다시 일본으로 돌아가는 식이었다.

'주말 선생님'인 그에게서 배운 건 바로 '정도 경영과 현장 경영'이었다. 그의 얘기인 즉슨 "일본도 1960년대 초반에 대리점 문제와 관련해 똑같은 현상을 겪었다"는 것이었다. 어느 나라, 어느 시장, 어느 산업이나 똑같은 발전 사이클이 있다는 뜻이다.

일본이 어려웠을 때 새로운 영업 체제, 즉 정도 영업으로 바뀐 결정적 계기는 마쓰시타 고노스케 회장이 만들었다고 해도 과언이 아니다. 고노스케 회장은 아다미 온천장에 영업 책임자들을 모두 불러 모아 놓고 대회의를 열었다. 마음을 연 토론과 담판 끝에 그들을 설득하는 데 성공했다. 회장인 고노스케가 영업본부장을 겸임해 앞장섰다. 아다미 회담을 계기로 본사인 마쓰시타와 대리점 간의 관계가 한 가족 이상으로 좋아졌다고 한다. 초일류 마쓰시타의 경쟁력 중 하나다. 일본인 선생님은 '가전 부문에서 도시바가 마쓰시타를 절대 따라가지 못하는 이유'라고 귀띔했다.

본사와 대리점 간의 무너진 신뢰 관계를 회복하려면 사내 영업 조직, 특히 일선 영업 담당자들과의 신뢰 관계를 회복하는 것이 우선이다. 현장의 목소리를 열심히 듣고 이를 바탕으로 영업 방침과 전략을 세우고 회의와 교육을 통하여 지속적으로 소통하려 노력했다.

대리점 사장들뿐 아니라 영업 사원들도 한 가족이라는 생각으로 함께 교육했다.

마쓰시타의 아다미 회담의 교훈을 살려 회사의 영업 정책의 투명성과 일관성을 유지하여 대리점들과의 신뢰 기반을 회복하는 데 심혈을 기울였다. 대리점들이 회사의 정책을 신뢰하고 적극적으로 호응해 오자 업적도 기적같이 회복되기 시작했다. 신바람이 난 대리점 사장들은 우수 대리점을 학습하며 성과를 내기 시작했다.

그 결과 2년차인 1985년 결산에서 내수 판매에서 냉장고를 제외한 전 품목에서 금성사를 앞지르는 큰 성과를 올렸다. 1969년 창업하여 10년만인 1978년에 수출에서 금성사를 앞선 이후 그토록 갈망하던 국내시장 1위를 달성한 것이다.

영업의 정도 일러 준
일본 선생님

1960년대 일본이 경험한 영업 위기 극복의 교훈은 결정적인 도움이 되었다. 주말 선생님은 일본의 사례와 여러 가지 자료를 챙겨 주며 대리점 운영 노하우를 전수해 줬다.

당시 대리점주들은 경영자로서의 자질이 부족한 이가 태반이었다. 심지어 어떤 곳은 이익이 났는지, 손해가 났는지도 몰랐다. 100만 원짜리 냉장고를 사 와 120만 원에 팔면 120만 원 전부가 자기 이익이라고 생각하는 식이었다. 주말 선생님은 "대리점 사장들은 경영 전반에 대한 인식이 부족한 경우가 많기 때문에 담당 영업 사원들로 하여금 대리점의 영업과 이익 구조를 정확히 파악하게 해야 한다"고 말했다. 즉 경영 관리 능력을 본사가 지원해 주라는 뜻이다. 그러려면 영업 사원들이 대리점 경영 현황을 세밀하게 파악하고 있어야 하고 대리점 사장의 생각까지 읽을 수 있어야 한다.

더 중요한 관리 비밀은 "대리점을 죽이지도 않고, 살리지도 않아야 한다"는 것이었다. 대리점이 너무 잘돼 돈을 많이 벌면 이들이 그 돈을 가지고 다른 일을 하는 경우가 많다고 했다. 하지만 망하는 경우가 대부분이고 그러다 보면 본업인 대리점까지 망하는 게 부지기수였다.

이런 악순환을 방지하는 노하우도 있었다. 본사가 각 대리점의 자금 흐름을 항시 눈여겨보고 있다가 돈이 많이 남는 점포는 어떻게든 설득하여 영업 관련 투자를 확충하도록 만드는 것이다. 예를 들어 점포 디자인을 바꾸거나 규모를 늘리는 식이다. 대리점에서 벌어들인 돈이 본업인 대리점 말고 다른 곳으로 돌아가지 않도록 하는 것이 매우 중요했다. 이와 반대로 부실한 대리점은 구조 분석, 처방 등을 내려 시행착오를 줄여 나갔다. 그러다 보니 대리점 사장들과 영업 사원들의 교육 훈련에 쉴 틈이 없었다.

'진짜 고객을 만나는 법'도 주말 선생님에게서 배운 소중한 경험이다. "삼성에 있는 사람들은 대한민국에서 상위 5%다. 빌딩도 한국의 가장 중심가에 있고, 밥도 좋은 데서 먹고, 어딜 가도 호텔만 간다. 그러니 정작 삼성의 물건을 사는 밑바닥 사람들을 모른다"는 게 그의 얘기였다.

그는 한국에 오기 전 항상 미리 연락을 취해 방문하고 싶은 곳을 콕 찍었다. 예를 들어 "이화여대 앞에 가면 ○○ 음식점이 있는데, 거길 가 보고 싶다"는 식이었다. 일본에서 출간된 한국 관광 가이드북을 읽고 한국 여대생들의 생활상을 직접 보고 싶어 했기 때문이다. 심지어 술을 한 잔도 못하는 사람이 여자가 있는 술집에 가자고 요구할 때도 있었다. 술집에 가면 바로 노트를 꺼내 놓고 질문을 쏟아내기 시작했다. "당신 방에 가전제품이 뭐가 있느냐, 몇 인치 TV이고 가격은 얼마냐, 냉장고는 어디 것이고 몇 리터냐, 집이 어디냐, 고향 집에 있는 TV는 몇 인치고 누가 샀느냐"는 따위의 질문들이다.

호스티스들은 번 돈을 모아 고향집에 TV를 사서 보내는 경우가 많았다. 재미있는 것은 자기 방엔 14인치 TV를 놓았지만 집에 보낸 건 20인치라는 것이다. 그는 이들의 이야기를 묵묵히 다 듣고는 표를 만들어 내게 보여 주며 말했다.

"이들이 자기 부모에게 술집 나간다고 얘기하겠습니까. 가족들의 체면을 살리기 위해 좋은 걸 보내는 겁니다. 이런 아가씨들이 대형 제품의 고객인 걸 알았습니까. 그렇다면 제품도 이들에 맞춰 디자인해야 하지 않을까요?" 그는 진짜 고객을 알아봤던 것이고, 그들과 직접 만나 대화를 나눈 것은 물론 그들의 욕구까지 알아냈던 것이다. 이것이야말로 진짜 영업이었다.

무너진 신뢰를
회복하다

선풍기는 초여름에 많이 팔린다. 하지만 생산은 겨울에 한다. 공장에 쌓아 둘 곳이 없으니 대리점에 "가격을 20% 깎아 줄 테니 미리 가져가라"고 얘기한다. 대리점도 가격이 싸니 얼른 가져간다. 회사는 자금 융통과 보관 공간이라는 두 마리 토끼를 함께 잡는 셈이었다.

하지만 또 다른 리스크 요인이 생기곤 했다. 5~6월이 돼도 날씨가 예상보다 덥지 않아 팔리지 않는 경우다. 그러면 본사에선 갑자기 30% 할인 행사를 진행한다. 대리점에게 20% 깎아서 가져가게 해 놓고 그 재고가 가득한데 본사에서 10%를 더 내려 버리니 고스란히 10%의 적자를 보게 되는 것이다. 회사 정책을 따르지 않고 기다렸다가 30% 할인된 제품을 받아 가는 대리점만 이익을 보게 되니 이런 본사를 신뢰할 대리점은 없다. 신뢰성의 기반이 무너지니 회사가 뭘 하자고 해도 따라오지 않았고 믿지도 않았다.

이런 불신을 타파하기 위해선 작은 신뢰부터 회복하는 게 중요하다고 생각했다. 울며 겨자 먹기로 20%를 할인해 받아 간 대리점들을 일일이 조사해 마진에 '플러스알파'를 해 줬다. 회사 정책에 호응하여 먼저 받아 간 대리점이 손해를 봐서는 안 된다는 원칙을 고수했다. 본사의 정책을 끝까지 따라가면 이익을 볼 수 있도록 배려하자 무너졌던 신뢰가 조금씩 회복되기 시작했다.

강력하게 추진했던 '3G(Golf, Go-stop, Gogo클럽) 금지 운동'도 기억난다. 당시 대리점 사람들이 본사 영업과장을 데리고 다니며 골프를 치고는 했다. 제조 부문은 임원이라고 해도 골프를 하기 어려운 시절이었다. 말도 안 되는 접대 문화였다. 이를 엄격히 금지했다. '고 스톱'도 못하게 했다. 대리점 사장들이 잘 보이기 위해 일부러 잃어 주는 경우가 많다는 걸 알고 있었기 때문이다. 그 다음은 '고고클럽' 출입 금지다. 고고클럽은 지금 말로 하면 룸살롱이다. 내가 비교적 골프를 늦게 시작한 이유도 바로 3G 금지 운동 때문이다.

첫 국내 영업 1위는 잔치를 벌일 정도로 큰 성과였다. 반대로 금성 사는 긴장이 역력한 분위기였다. 금성사는 허신구 사장을 바로 퇴진 시키고 구자학 사장으로 교체했다. 한데 구 사장은 직원들을 야단치 는 대신 "당신들이 영업에서 진 건 회사의 정책 지원이 잘못돼서다. 회사가 오히려 미안하다. 용기를 잃지 말고 다시 해 보자"라고 격려 하며 승진 잔치를 벌였다. 오히려 삼성전자는 큰 성과에도 불구하고 사장이 경질되고 새로운 사장은 더 잘할 수 있었다며 질책으로 일관 했다. 성과를 올린 기업을 초상집 분위기로 뒤집어 놓은 것이다. 승 세를 몰아 압도적인 우위 기반을 만들 수 있었던 절호의 기회를 놓 친 것이다.

나는 그런 분위기에서 더는 일하고 싶은 의욕이 나지 않아 고심하 고 있었는데 마침 삼성전기 임경춘 사장이 이병철 회장의 명으로 5 년에 10배로 성장하는 큰 개혁을 추진하는 데 필요한 인력으로 나를 요청하였다는 연락이 왔다. 삼성전기에서 수십 개의 신규 사업을 경 험하며 경영자, 혁신 전도사로 성장할 수 있는 운명의 기회가 이렇 게 찾아온 것이다.

일본 기업에서 배운
신뢰와 품질 혁신

일본은 어떻게 세계 최고의 제조업 강국이 되었을까. 그 비밀은 품질, 즉 신뢰성에 있다. 삼성전기에 근무하던 1988년 무렵 마쓰시타의 품질관리 임원으로부터 3년 정도 지도를 받은 적이 있다. 그가 우리에게 "신뢰성이란 게 도대체 무엇이냐"고 묻던 모습이 지금도 생생하다.

예를 들어 TV의 고장 원인은 다양하다. 다양한 원인을 속속들이 알고 있다면 그에 맞는 대책을 세울 수 있다. 그것이 바로 마쓰시타 맨이 말한 신뢰성이었다. 마쓰시타는 TV를 처음 생산하면서 고장의 원인을 새로 알아내는 직원에게 상을 줬다. 전압·누수·먼지 등 고장의 원인은 무척 다양했다. 많은 연구원들이 근본적인 고장의 원인을 알아내기 위해 실험과 연구에 경쟁적으로 참여했고 이를 '고장 모드(failure mode) 연구'라고 불렀다.

마쓰시타는 왜
전 일본의 쥐를 모았나

한국은 달랐다. 일본과 미국에서 '고장 모드'를 배우기는 했지만 그것뿐이었다. 일본도 미국에서 배우기는 마찬가지였지만 그들은 스스로 자신들만의 환경 안에서 고장 모드를 찾기 위해 노력했다.

신뢰성은 한마디로 근원을 찾는 노력이다. 그런 과정이 쌓이고 쌓여 비로소 신뢰성을 갖출 수 있었디.

초창기 TV는 진공관을 사용했는데 고열로 고장이 잘 났다. 이를 막기 위해 등장한 것이 TV 케이스의 구멍이다. 공기를 잘 통하게 해 진공관을 냉각하는 방식이다. 그런데 이 구멍을 통해 쥐가 들어가 집을 짓고 심지어 새끼를 낳기도 했다. 수많은 신뢰성 연구 끝에 판매에 나섰는데, 전혀 예상하지 못한 쥐라는 변수가 생긴 것이다. 그렇다고 구멍의 크기를 줄이면 진공관에 문제가 생기는 딜레마에 빠지고 만다.

마쓰시타는 이 문제를 어떻게 해결했을까. 그들은 일본의 쥐라는 쥐를 다 모았다. 그리고 쥐의 몸 크기와 구멍의 크기를 일일이 대조하며 실험했다. 어느 정도까지 구멍 크기를 줄여야 들어가지 못하나, 가장 작은 쥐가 들어가지 못하는 구멍 크기는 어느 정도인지 찾아낸 것이다. 근본을 탐구하는 노력, 그 탄탄한 토대 위에 기술을 쌓았기에 오늘의 일본이 자리할 수 있었다.

　우리도 비슷한 사례가 있다. 현대자동차에서 엔진을 개발한 과정이다. 초창기 현대차는 미쓰비시에서 기술을 도입해 엔진을 만들었다. 이후 자체 개발에 나섰는데, 가장 큰 문제는 엔진 열의 냉각 기술이었다. 현대차의 엔진 기술자들은 엔진에 직접 구멍을 뚫어 일일이 열을 측정했다고 한다. 일본의 기업처럼 근원을 탐구하는 자세다. 이로써 현대차는 엔진에 관해서는 독자적 기초 기술, 기본 기술을 갖게됐고 현대의 엔진을 벤츠와 미쓰비시에 역수출하는 성과로 이어졌다.

　미쓰비시의 회장이 현대차 이현순 부회장 시절에 회사에 찾아와 엔진 개발 현장을 돌아본 일이 있었다. 미쓰비시 회장의 방문 목적은 '엔진 개발이란 게 너무 어려우니 우리 기술을 쓰라'고 얘기하려는 것이었다. 하지만 그는 한국 기업을 방문하고는 "지금 한국을 보니 10년 안에 현대가 미쓰비시를 능가할 것"이라는 회한의 말을 토해 냈다. 근원을 탐구하는 모습을 보며 오늘날 일본 기업에는 없는, 과거의 자신들의 모습을 발견했기 때문이다. 미쓰비시 회장의 말은 지금 현실이 됐다. 한국의 현재 1인당 국민소득은 2만 달러 근처에 정체돼 있다. 근원과 근본을 캐는 연구자들이 많아질 때 이 한계를 넘어설 수 있다고 생각한다. 기업이든 개인이든 초심으로 돌아가야 한다.

　마쓰시타는 실패 사례를 연구해 공유하는 시스템이 있었다. '필드 엔지니어'가 따로 있어, 그가 공장 전체를 순회하면서 기술을 연구해 공유하는 역할을 맡았다. 예를 들어 납땜 기술이 부서별로 차이가 있다면 좋은 기술을 찾아내고 잘못된 것을 개선하면서 사업부 전체를 도는 식이다. 이렇게 하면 전체적인 수준이 높아진다.

마쓰시타는 중요한 요소 기술마다 필드 엔지니어를 임명해 분석·교육·개선 작업을 펴 나갔다. 근원을 파고 서로 배우는 동안 일본은 세계경제 넘버 2, 제조업 넘버 1의 자리에 올랐다.

우리는 어떤가. 전자·철강·자동차 등은 글로벌 기술 수준에 도달했다. 하지만 그렇지 못한 산업이 많아 낙후돼 있는 게 사실이다. 전체적인 수준은 아직 멀었다는 뜻이다. 서로 배우고 상호 보완하는 노력을 통해 전체 수준이 오르는 과정이 제대로 이뤄진다면 삼성 같은 기업이 10개도 나올 수 있다.

거실보다 **깨끗한** 금형 공장 **마룻바닥**

앞서 이야기한 '미네베아'라는 일본 기업이 있다. '니폰 미니어처 베어링'의 머리글자를 딴 이름이다. 미네베아의 창업자인 다카하시 회장은 건강상의 문제로 일찍 숨을 거뒀는데, 생전에 이건희 삼성전자 회장을 만나 한 가지 부탁을 전한 일이 있다.

당시 미네베아는 베어링으로 시작해 일본의 전자 부품 회사를 인수, 동남아에서 생산하는 신규 사업을 진행하고 있었다. 다카하시 회장은 이 회장에게 "삼성이 전자 부품 사업을 도와주면 삼성이 필요로 하는(베어링을 통해 습득한) 정밀 기술을 전수하겠다"고 약속했다. 하지만 그는 약속이 실현되기 전에 사망하고 말았다. 다카하시 회장은 후임 오기노 사장에게 유언을 통해 "내가 죽더라도 꼭 삼성을 찾아가 약속을 지켜라. 그래야 우리 부품 사업이 성공할 수 있다"고 말했다.

오기노 사장은 전임 회장의 약속을 지켰다. 삼성의 각 계열사에서 뽑은 20명의 정밀가공 기술자들로 견학단을 꾸려 일본과 동남아의 모든 공장을 돌며 서로 협력할 부문을 찾았다. 그 당시 견학단의 리더가 바로 나였다. 그런데 삼성을 경쟁자로 인식해서인지, 현장에선 제대로 된 견학이 이뤄지지 않았다. 사장이 직접 "다 보여 주라"고 지시해도 모두가 무언가를 감추기에 급급했다. 이때 오기노 사장이 다카하시 회장의 명언을 전했다. "할 수 있는 사람은 안 보여 줘도 언젠가 한다. 할 수 없는 사람은 보여 줘도 못 한다. 그러니 보여 주지 않으려고 애쓸 필요가 없다. 긴밀하게 협력하려면 다 보여 줘라." 그 덕분에 미네베아의 정밀가공 기술을 속속들이 들여다볼 수 있었다.

견학을 마친 후 기술 연수를 보내겠다고 제의했다. 길게는 3개월, 짧게는 3박 4일의 일정이었다. 장기 연수로 실제 현장에서 일하며 배우는 등 많은 사람을 미네베아로 보냈다. 하지만 이들의 기술을 제대로 전수받아 혁신을 이룬 건 삼성전기뿐이었다. 삼성전기 금형 공장이 한국 최고로 변모하게 된 계기다.

삼성전기는 금형 기술이 회사 존망의 결정적 요소라고 판단했다. 연수를 갔다 온 사람들을 모아 놓고 우리가 잘못한 것, 배워야 할 것, 개선할 것을 공정별로 논의하게 했다. 각자의 기록을 한자리에 모아 공유하고 토론해 새로운 개선안을 만들어 냈다.

미네베아의 금형 공장은 특이하게도 나무로 바닥을 깔아 놓았다. 일반 주택에서 쓰는 바로 그 나무 바닥이다. 대부분의 공장이 모두 콘크리트 바닥이던 시절이다. 이들은 클린룸 설비도 갖추고 있었다. 미크론 단위의 정밀도는 온도와 습도 등에 굉장히 민감하다. 이를 제대로 유지하려면 그런 환경이 필요했다.

나무 바닥은 기술자들의 의식 자체도 달라지게 했다. 고급 나무 바닥에 무엇이라도 한 번 떨어뜨리면 바닥이 망가지게 돼 있다. 기름이나 물도 흘리지 않으려고 주의하게 된다. 당시만 해도 금형 공장은 지저분한 게 당연시됐다. 하지만 미네베아의 공장은 집 안 거실처럼 *깨끗*했다.

삼성전기도 똑같이 바꿨다. 역시 직원들의 의식 자체가 달라졌다. 나무 마룻바닥을 가진 첨단 금형 공장이 드디어 한국에도 들어선 것이다. 의식이 바뀌고, 일하는 데 정성을 기울이고, 배운 것을 연구해 개선하는 일이 삼성전기 안에서도 이뤄졌다. 급기야 삼성전기의 금형 생산성이 미네베아보다 30% 높아지는 성과로 이어졌다.

삼성의 숨은 공신,
'이 회장의 일본 친구들'

금형 공장 자동화를 위해 캐드캠(CAD/CAM) 시스템 도입이 반드시 필요했다. 생산성 향상과 품질 개선을 위해서도 꼭 필요한 시스템이었다. 미국과 일본 등 기술 강국의 프로그램들을 검토하다가 일본 샤프와 교섭해 시스템을 사들였다.

당시 삼성의 일본인 고문 중 샤프와 잘 아는 사람이 있었는데, 그의 소개로 샤프와 교섭을 시작하게 됐다. 그런데 이 사람의 말이 "소프트웨어만 도입한다고 다 되는 게 아니다. 금형 가공 데이터를 축적해야 시스템이 돌아간다. 내가 보기에 한국은 축적 데이터가 없다"는 것이었다. 그러고 보니 삼성전자도 IBM의 소프트웨어를 사다 놓고 못 쓰고 있는 지 오래였다.

마침 샤프에선 "가공 데이터까지 모두 제공하겠다"고 제안해 왔다. 그런 회사는 어디에도 없었다. 샤프로서는 한국 시장에 자신들의 시스템을 판매하고 싶은데 잘 돌아가고 있는 모델 공장이 필요했던 것이다.

삼성의 3차원 설계를 완성하다

시스템 도입이 결정된 후 샤프의 기술자들이 와서 삼성전자의 3차원 설계 시스템을 진단했나. 진난 결과는 한마디로 엉망이었다. 디자이너가 3차원으로 디자인하면 설계자들이 이를 다 풀어 2차원으로 만든 후 다시 3차원 설계를 하고 부품 개발자들은 또 설계 부문에서 3차원 데이터를 받아 2차원으로 바꾼 후 다시 3차원 작업을 하는 식이었다. 섬과 섬으로 단절돼 있는 시스템, 그게 당시 삼성전자의 설계 시스템이었다. 이건희 회장은 이런 사정을 전해 듣고 크게 화를 내며 "100미터 경주에서 90미터 갔다가 원점으로 되돌아와 다시 95미터 가다가 되돌아오는 것을 되풀이하는 것과 뭐가 다르냐"고 질책했다.

각 부문별로 부분 최적화만 생각하여 상호간 연결과 호환성을 생각하지 않고 CAD시스템을 도입하였기 때문이었다. 샤프 전문가들의 진단 덕분에 디자인부터 설계, 부품은 물론 마지막 제조 단계까지 3차원으로 연결되는 통합시스템으로 변모하기 시작했다. 이 회장은 특히 이 분야에 관심이 많았다. 리더가 가장 핵심이 되는 부문에 관심을 가지면 결국 문제점이 풀리기 마련이다.

삼성전기에 있을 때 제일 어려웠던 사업은 '오디오 데크'의 메커니즘을 만드는 일이었다. 쉽게 말해 카세트테이프를 돌리는 정밀기계 시스템이다. 프레스 가공 부품의 정밀도 관리도 어렵고 조립도 까다로워 작업 불량이 많아 애를 먹고 있었다.

금형의 정밀도를 높여야겠다고 결심한 계기 중 하나가 바로 이 오디오 데크였다. 금형 관리, 철판 재질·규격, 프레스물 낙하 충격, 운반 과정 중의 변형 등 불량 요인이 한두 개가 아니었다. 싸구려 중국산 때문에 가격 경쟁력도 확보하기 어려웠다.

일본의 전자 부품사인 TDK의 마쓰지마 대표를 만난 것도 그즈음이다. 마쓰지마 대표는 '혁신의 전도사'로 통하는 분이었다. 이분이 전무였을 때 처음 만났는데, 내게 'IPS'에 대해 들려줬다. 풀어서 쓰면 아이디얼 프로덕션 시스템(Ideal Production System), 즉 이상 목표 관리 제도다.

TDK는 오디오·비디오테이프를 만드는 업체로 세계 최고의 품질을 자랑하는 곳이었다. 공장은 규슈의 가고시마라는 시골 마을에 있었다. 당시 일본 업체들은 한국의 새한미디어·선경·LG 등이 테이프 개발에 성공하며 싼 가격에 물량 공세를 펴는 바람에 큰 어려움을 겪고 있었다. 대부분 생존을 위해 동남아로 공장을 이전하고 사업을 접는 기업도 있었다. 그런데 유독 TDK만 공장을 이전하지 않고도 살아남았다. 그걸 지도한 이가 바로 마쓰지마 대표다.

그에게 오디오 데크를 이야기했더니, 규슈 공장에 와 보라고 권유했다. 당장 공장을 찾아가 프레스 가공 속도를 보니 1분에 몇 번 찍는다는 설비 규격의 120% 속도로 찍고 있었다. 한국은 대부분 설비 규격 속도의 80% 정도로 찍고 있었다. 설비 능력을 100% 활용하지 못하고 있었던 것이다. 금형의 품질, 재료의 산포, 작업 환경 등 여러 가지 불안정한 요소 때문에 그것이 당연하다고 생각할 때였다.

TDK에서도 테이프 공장을 동남아로 이전하지 않을 수 없는 위기 상황에 직면하게 되었다. 공장을 이전하려면 기술자들이 함께 가야 하는데 누구 한 사람 동남아로 가겠다는 사람이 없었다. 가고시마의 시골 사람들이다 보니 고향을 떠나 살 수 없다고 고집하는 것이었다.

결국 공장을 폐쇄하고 사업을 정리하는 수밖에 방법이 없었다. 이때 마쓰지마 전무가 IPS의 개념을 제안했다. "삶의 터전이었던 공장을 살리는 길을 찾아보자. 문제는 가격 경쟁력이다. 우리가 설비를 365일 24시간 100% 가동하고 100% 양품이 되어 판매된다면 어떻게 될까 계산해 보자"고 제안했다. 놀랍게도 현재의 가격으로도 큰 이익이 날 수 있다는 것을 깨닫게 되었다.

"100% 양품 100% 가동은 신만이 할 수 있다, 이를 '이념 상태'라고 한다. 그러나 우리가 힘을 모아 노력하면 이념 상태의 90%, 95% 즉 인간이 할 수 있는 최고의 경지에 도달할 수 있다. 그러면 우리는 경쟁에서 이길 수 있다. 이를 '이상 상태'라고 하자. 도전할 가치가 있지 않은가?"

이렇게 하여 IPS가 탄생했다. 우선 기계를 규격의 100%로 가동해 보자고 설득했다. 금형의 품질이 문제다, 소재가 불균일하다는 등 문제를 제기할 때마다 답은 "해 봤나?"였다. 해 보자, 문제가 생기면 그때 원인을 찾아 해결하자고 강조했다. 몇 달 지나지 않아 모든 설비를 규격 속도로 가동할 수 있게 되었다.

마쓰지마 대표는 여기서 멈추지 않았다. 다음으로 생각한 것이 "모든 설비 설계자는 반드시 여유를 둔다"는 것이다. 안전계수가 통상 20~30% 주어진다는 데서 착안한 발상이었다. 그는 "우리는 기계를 여유의 끝까지 쓰자"고 설득하여 성공한 것이다. 혁신 리더십의 가치를 실감할 수 있었다. 조직원들의 생각을 바꾸면 조직의 능력은 무한대로 변화할 수 있다는 감동을 느꼈다.

실제로 TDK 공장에 가 보니 모든 설비가 한 치의 오차도 없이 완벽히 돌아가고 있었다. 합성수지 사출기가 200개가 넘는데 근무하는 사람은 단 두 명에 불과했다. 설비 점검·보존에 한 명, 소재 공급에 한 명이었다. 나머지는 모두 자동화 시스템으로 이뤄져 있었다.

200대가 넘는 기계를 단 두 사람이 본다는 건 상상하기 힘든 광경이었다. 당시 삼성전기는 한 사람이 1대 보던 걸 4대로 늘렸다며 한국 최고라고 자랑하던 시절이다. TDK는 공장 가동의 '극한' 상태를 보여 주었다. 바로 아이디얼(Ideal)의 상태다. TDK 가고시마 공장은 동남아 공장보다 가격경쟁력이 높았다. 더구나 완벽한 품질로 세계 음악 마니아들이 찾는 고품질 고부가가치 제품으로 최고의 경쟁력을 자랑하고 있었다.

돌아오자마자 충주의 새한미디어 공장을 방문했다. 싼 인건비에 의존하는 뒤떨어진 현장을 보며 TDK 공장의 기적 같은 모습을 얘기해도 귀를 기울이는 사람이 없었다. 위기는 혁신을 낳는다. 오늘의 경쟁력이 내일까지 이어지리라는 믿음은 오만함이다.

TDK 마쓰지마 대표 등
삼성 혁신 도운 'LJF'란

일본인들은 예전부터 부품을 엄청 소중하게 생각했다. 부품 경쟁력이 세트의 경쟁력을 좌우하기 때문이다. 이 회장도 "삼성전자가 잘되려면 일본 부품 회사들과 긴밀하게 협력해야 한다"고 얘기하곤 했다. 실제로 이 회장은 협력 모임을 만들라고 지시했는데, 이것이 '이 회장의 일본 친구들'이라는 뜻으로 통상 불렀던 'LJF'다. 정식 명칭도, 조직도 아니었지만 일본의 유명한 전자 부품 대표들과 이 회장이 친분을 쌓고 기술 협력을 진행했다. 마쓰지마 대표도 LJF의 멤버였다.

이 회장은 LJF를 통해 부품의 중요성, 협력사와의 공생 발전 등을 배워 삼성에 뿌리내렸다. 지금도 기억에 남는 지적이 "왜 삼성이나 한국 기업은 구매 책임자들이 상무·전무급이냐? 그건 부품의 소중함을 몰라서다. 일본은 넘버 2다"라는 얘기다. 마쓰지마 대표는 이 회장에게 이런 말도 전했다.

"일본도 초기에는 독일과 미국에서 부품을 수입했습니다. 그때는 세트 업체들이 부품 업체를 홀대했죠. 하지만 1970년대 들어 부품의 소중함을 알게 되면서 부품 업체가 방문하면 세트 업체 사장이 맨발로 뛰어나와 영접하게 되었습니다. 한국 기업도 그렇게 바뀌어야 합니다. 이 회장님이 모범을 보여 주시기 바랍니다."

"부품에 대한 인식도 바뀌어야 합니다. 전에는 싼 부품으로 제품을 싸게 만든다는 생각이었다면 앞으로는 비싼 부품으로 경쟁력 있는 제품을 만들어야 합니다. 그러려면 부품업체와의 관계가 달라져야 합니다."

그 덕분에 삼성전자에서는 일본 전자 부품 전시회가 여러 번 열리고 세미나도 많이 진행됐다. 마쓰지마 대표는 그야말로 혁신의 전도사였다. 한 번은 "삼성전기가 적층세라믹콘덴서(MLCC) 제조에 문제가 많아 고민"이라며 고민을 토로한 적이 있다. 마쓰지마 당시 전무는 "구체적인 기술은 영업 비밀이라 이야기해 줄 수 없다"면서 "TDK도 비슷한 고생을 했고 기술자 전원이 몇 달에 걸쳐 원인을 찾아 개선했다"고 말했다. 그러고는 씩 웃으며 "먼지가 원인이었다"는 말을 흘렸다. 한국에 돌아오자마자 먼지에 대한 인식을 바꾸고 환경도 다 뜯어고쳤다. 지금은 삼성의 MLCC 품질이 세계 정상에 있다.

중국, 그 속에 숨겨진
성장 DNA를 보다

삼성전기에 있으면서 이병철 회장의 지시로 25개나 되는 신규 사업을 동시에 추진했다. 매출 300억 원에 생산 부품이 4개에 불과했던 작은 기업은 5년 만에 30개가 넘는 사업 품목을 제조하는 기업으로 성장하며 이병철 회장이 제시한 5년에 10배 성장의 목표를 초과 달성했다.

현재 삼성전기는 세계적 부품 회사 가운데 하나다. 사업을 진행하고 키우는 방법, 혁신 작업을 통해 기업의 체질을 튼튼하게 하는 노하우 등을 삼성전기 시절에 다 배웠다고 해도 과언이 아니다.

지금 와서 돌이켜보면 기업의 성패를 좌우할 가장 중요한 요소는 바로 인재다. 어떤 조직이든 혁신에 공감하고 스스로 노력하는 불씨

같은 인재들이 있게 마련이다. 그 불씨가 일으킨 혁신을 전파하고 격려하고 공유하고자 노력할 때 비로소 발전하는 조직이 될 수 있다.

이런 과정에서 반드시 챙겨야 할 것은 조직원 간의 커뮤니케이션이다. 30개가 넘는 팀을 운용하다 보면 항상 많은 문제가 생기곤 했다. 그럴 때마다 난 해당 사업팀과 함께 저녁을 먹었다. 그리고 식사후 그 식당에서 밤 12시까지 토론을 이어갔다. 주로 가던 집이 '해물탕집'이었기 때문에 무슨 문제라도 생기면 으레 "해물탕 먹으러 가자"는 말이 먼저 나올 정도였다.

그러다 보니 해물탕집에 하루도 빠지지 않고 출근하다시피 하게됐다. 흔히 한글의 핵심을 '미음(ㅁ)'이라고 하는데, 나는 소통의 기본 원리도 바로 이 'ㅁ'에서 시작한다고 정리했다. 제일 먼저 '만나라' 그 다음 '먹어라' '마셔라' '말해라', 또 마음을 열기 위해 발가벗고 '목욕해라' 등이다. 조직원 간의 소통을 위해 이보다 더 좋은 방법은 없으리라고 생각한다.

조직원 간에 원활한 커뮤니케이션이 이뤄지니 한 달에 한 번 하는이사회의 자료를 따로 준비할 필요가 없어졌다. 매일 현장 밀착형으로 일했으므로 모든 데이터와 현장 상황이 머릿속에 들어 있었기 때문이었다.

그전까지 밤을 새워 다음 날 회의 자료를 준비했던 다른 임원들도마찬가지였다. 이를 '원더링 어라운드 매니지먼트'(WAM, Wondering Around Management)라고 부른다. 리더가 한자리에 가만히 앉아서 보고 받는 게 아니라 현장을 돌아다니며 즉석에서 보고 받고 지시하고 지원하라는 것이다. 아쉽게도 한국 기업의 리더들은 대부분 사무실에만 앉아 있는 경우가 많은 게 사실이다.

사람이 많이 모이고 토론이 잦을수록 아이디어도 많이 모이게 된다. 획기적인 아이디어는 기업의 중요한 성공 요소다. 경영 목표 달성이 어려워지거나 품질과 생산성 등에 문제가 예상되면 자동적으로 토론 모임을 갖는다. 대체로 1박 2일의 합숙 토론으로 진행한다. 부서에서 신청만 하면 연수원의 숙소를 빌려 주고 필요한 지원을 제공하는 시스템을 갖추도록 했다.

이후 대강 계산해 보니 1박 2일의 합숙 토론을 하는 동안 1명당 2,000만 원의 효과가 나오는 것으로 나타났다. 20억 원을 개선해야 하면 100명의 토론이 필요하다는 얘기다. 인간의 지혜라는 건 모여서 토론할 때 더욱 빛나기 마련이다. 삼성전기는 어떤 문제가 생기면 곧바로 "토론하러 가자"고 말할 정도의 기업 문화가 자리 잡았다.

1991년 첫 중국 진출
통관부터 느낀 대륙 저력

1991년에는 삼성전기가 최초로 중국에 공장을 설립했다. 광둥성 둥관시에 있는 둥관 공장이다. 선전 바로 위에 있는 도시인데, 지금은 외자 기업의 천국이자 가장 번성한 산업 단지지만 우리가 들어갔을 때만 해도 개발 초기였다.

당시에는 산둥성의 칭다오 시장이 우리 기업을 끌어들이기 위해 한국을 많이 찾았다. 인건비가 싸고 정부 협력이 잘되니 허가를 받으면 한 달 만에 공장이 돌아갈 정도였다. 칭다오는 인천에서 페리선을 타면 금방 도착할 정도로 가깝다. 짐이 운반되는 경로대로 우리도 배를 타고 가 보기로 결정한 이유다. 그날따라 파도가 심해 늦게 도착했는데, 통관 절차는 일사천리였다.

정말 놀라운 건 모든 통관 작업이 배 위에서 진행됐다는 것이다. 세관원들이 미리 작은 배를 타고 와서 기다리고 있다가 우리가 탄 큰 배로 와 항해하는 1시간 동안 모든 절차를 끝마치는 시스템이었다. 그때야 비로소 중국의 저력을 다시 보게 됐다.

배에서 내려 짐을 수속하고 칭다오까지 가는 데 4시간이 걸렸다. 당시 공장 구경을 시켜 준 사람 있는데, 일본의 조그마한 상사맨이었다. 그는 칭다오에서 1인 주재원으로 20년 넘게 일한 베테랑이었다. 그의 안내로 하이얼 공장을 방문했다.

가이드를 맡은 상사맨에게 중국이 관료 사회라 어려울 텐데 어떻게 이렇게 잘 버티고 있는지 물었다. 그랬더니 "중국처럼 안정적으로 사업할 수 있는 곳이 없다"고 얘기하는 게 아닌가. 그는 "다른 곳은 법 때문에 안 되는 게 많지만, 여긴 법이 있어도 합리적으로 접근하고 설득하면 들어 준다. 그래서 나는 중국을 신뢰한다"고 말했다.

현장을 돌아본 후 '하루라도 빨리 중국에 진출해야겠다'는 결론을 내렸다. 그런데 칭다오에 있는 중소기업 가운데 삼성의 진출을 반대하는 업체가 있다는 소문이 들려왔다. 칭다오를 고집할 이유가 없어 둥관에 터를 잡기로 결정했다. 둥관은 이때 이미 전자 산업의 세트

기업이 많았다. 기왕 진출할 것이면 본거지로 들어가자는 각오도 섰다. 지금 생각해도 정말 잘한 결정이다. 삼성은 현재 둥관과 선전 양쪽에 큰 공장을 가지고 있다.

공장을 건설하면서 일본 상사맨이 이야기했던 '합리적 접근과 설득'을 직접 체험했던 일화가 생각난다. 한참 공장을 짓는 와중에 마을의 촌장 한 명이 매일 현장을 찾아왔다. 특별한 용무도 없었다. 그저 "필요한 것, 도와줄 것이 없느냐"고 물어보는 게 다였다. 우리는 당연히 뭔가를 바라고 오는 것으로 치부해 버렸다. 당시 마침 주변에 대만과 홍콩의 공장이 있었는데, 우리를 방문한 그들은 "한국 기업은 어딜 가나 돈으로 매수한다는데 중국은 그렇게 하면 안 된다"고 조인하곤 했다. "딩신들이 그러면 여기 생태계가 나빠지니까 제발 그러지 마라"고 신신당부하는 말까지 들은 참이라 촌장의 방문은 더 고민스러웠다.

시골 촌장의
일류 마인드

그러던 차에 첫 번째 수입한 부품이 통관 문제가 생겨 자꾸만 '퇴짜'를 맞는 일이 발생했다. 매일 찾아오던 촌장 생각이 난 건 그때였다. 밑져야 본전이라는 생각에 그에게 사정을 얘기했더니 당장 "그런 문제라면 내가 같이 가 보겠다"는 답이 돌아왔다. 긴가민가하며 세관을 찾았는데, 얼마 안 있어 촌장이 직접 우리 짐을 찾아 들고 오는 게 아닌가. 촌장은 "내가 잘 얘기해 찾아왔다"며 중국 관리들을 설득한 얘기를 들려줬다.

"우리 중국에 들어온 최초의 한국 기업입니다. 홍콩과 대만은 한자를 쓰지만 한국은 안 쓰죠. 그러니 틀린 게 고의는 아닐 겁니다. 중국의 체크 방법과 한국의 그것이 달라 착오가 생긴 것 같습니다. 이번에 통관시키면 내가 잘 얘기해 다음에는 착오가 없게 하겠습니다."

그 뒤에 나는 촌장을 다시 만나 "촌장의 일도 많을 텐데, 어떻게 매일 이렇게 찾아와 물어보고 도와주느냐"고 물었다. 그러자 그는 정색하며 "이것이 내 일"이라고 대답했다. 한 촌에서 공장을 유치하면 지방세가 할당되고 고용이 생기면 추가 지원이 이뤄진다는 것. 공장이 잘되고 많이 들어오면 그만큼 촌의 예산이 늘어난다는 말이었다.

촌장은 "이런 걸 잘해야 좋은 평가를 받아 다음에 또 촌장을 할 수 있다"고 했다. 촌장이 할 수 있는 건 일하기 좋은 환경을 만들어 공장을 성공시키고 고용을 늘리는 일이었다. 한낱 시골 촌장의 마인드가 이랬다. 오늘날 중국이 무서운 나라가 된 비결이다.

첫 공장은 신축이 아니라 기존의 공장을 인수해 리모델링한 것이었다. 공장 건축에 쓰인 슬래브가 너무 얇아 전문가를 불러 강도 진단을 했는데, 놀랍게도 '이상이 없다'는 결론이 나왔다. 정부에서 모든 공사 과정을 칼 같이 점검하기 때문에 부실 우려가 없다는 설명이었다. 그 촌구석의 공장이 룰을 제대로 지키며 지었던 것이다. 이런 모습을 지켜보며 '이 나라는 정말 무서운 나라가 되겠다'고 예견할 수 있었다. 룰을 지키고 훌륭한 리더(촌장)가 있었기에 둥관은 외

자 기업의 천국이 됐다. 지금 광둥성은 한국 전체를 능가하는 경제
력을 지닌 부유한 성이다.

Part 4

이건희
혁신 스타일

삼성의 핵심 조직
'비서실'의 경쟁력

1992년 말부터 1993년 말까지 1년간은 삼성에서 일했던 기간 중 가장 많은 것을 경험하고 보고 듣고 배운 시절이다. 바로 '비서실'이라는 조직을 통해서다.

삼성의 비서실은 CEO의 심부름이나 하는 조직이 아니다. 이병철 회장 때부터 비서실은 전략 참모의 역할을 하는 삼성의 싱크탱크였다. 스태프로선 최고의 조직이다. 삼성은 기업 규모가 지금과 비교할 수 없을 정도로 작았던 1960년대부터 이미 비서실을 전략 참모 그룹으로 활용했다.

이후 조직의 덩치가 커졌어도 비서실은 원활하게 움직였다. 가장 우수한 인재를 선발해 회장과 직접 멘토링·코칭을 거치기 때문에 훌륭한 인재와 참모로 커 나가는 건 당연했다. 비서실 출신 CEO들이 많이 배출돼 삼성을 이끌어 오는 배경이다.

군대도 500명 이상의 대대급부터는 인사·정보·작전·군수로 나뉜 참모 조직이 갖춰진다. 한 지휘관이 모든 병사를 관리하기 어렵기 때문이다. 참모 조직이 작전 계획을 수립하고 평가하고 추진하는 것이다. 기업도 마찬가지다. 한 라인의 장을 직접 통솔하던 방식에서 벗어나 참모들의 지혜를 활용해 라인을 움직이는 운영해야 한다. 그래야 시행착오를 줄이고 올바른 방향으로 조직을 끌고 갈 수 있다.

중소기업 CEO들은 흔히 회사가 성장해도 자기 혼자 다 할 수 있다고 생각하는 경향이 있다. 의견 듣는 것을 소홀히 한다는 말이다. 이렇게 되면 개인의 판단에 의존하다 보니 시행착오를 겪을 수밖에 없다. 중소기업 수준에서 도산하는 기업이 많은 것도 이 때문이다.

회장님의 회의법
'와 그렇노'와 '우짤라 그러노'

삼성을 비롯해 성공한 대기업들은 참모 조직이 잘 작동하고 있다. 이병철 회장은 모두가 인정하는 인사 전문가였다. 교육의 중요성을 인식해 1950년대에 이미 공채 제도를 도입해 인재를 발탁했다. 그리고 참모 조직인 비서실을 통해 핵심 인재를 양성했다.

사람을 키우기 위한 이병철 회장의 독특한 질문법이 있다. 회의를 하면 구체적인 사안에 대해 질문하는 게 아니라 그저 "얘기해 보라"

는 게 다. '이야기하라'는 건 그 사람이 맡은 조직에 대해 현재 상황, 가장 중요한 이슈·원인·대책·계획 등을 종합적으로 말하라는 뜻이다. 즉 조직의 장으로서 모든 일을 총체적으로 파악하고 있는지 알기 위한 질문이 바로 "얘기해 보라"다.

회의에 소집된 이들이 각자 조직의 전체적인 상황 분석, 문제 인식, 해결 방안 등을 정리해 두지 않으면 아무 얘기도 꺼낼 수 없었다. 지엽적인 문제를 말하면 경영자로서의 자질이 없는 것으로 판단했다.

'이러이러한 문제·과제가 있습니다'라고 얘기하면 경상도 사투리로 "와 그렇노"라는 질문이 돌아온다. 이에 대해 단편적으로 답해서는 합격점을 받을 수 없다. 적어도 다섯 번 정도는 "와 그렇노" 소리를 들어야 그 질문이 끝났다. 문제의 본질과 심층적인 원인까지 알고자 하는 의도였다.

"와 그렇노"가 끝나면 "우짤라 그러노"가 이어진다. 바로 '대책'이다. 의사결정이라는 건 문제의 원인 분석, 거기에 대한 대책 수립이 핵심이다. 이걸로 끝나는 게 아니다. '이러이러하게 언제까지 하려고 합니다'라는 식으로 답하면 "그거만 하면 다 되노"가 따라왔다. 모든 문제에는 반드시 잠재 문제가 있기 때문이다.

계획이 실패로 돌아갈 위험성, 즉 리스크 요인을 미리 설정해 대책을 세우고 있는지 확인하는 질문이었다. 요약해 보면 간단한 것처럼 보이는 질문에 '상황 분석→원인 분석→의사결정→잠재 문제 분석'의 순서가 정리돼 있었다.

1986년에 삼성인력개발원을 중심으로 문제 해결을 위한 프로세스인 'KT 방법론'을 도입한 적이 있다. 미국의 CEO와 정치가 등 리더들을 연구했더니 그들 모두가 일정한 사고의 프로세스를 가지고 있다는 게 주요 내용이다. 그런데 놀랍게도 사고의 순서가 이병철 회장의 질문 순서와 같았다.

수많은 글로벌 기업들이 이 KT 방법론을 도입했고 삼성에서도 EMTP(Effective Management Thinking Program)라는 이름으로 들여와 전 조직에 교육시켰다. 경영에서 조직원들의 합리적인 판단만큼 중요한 것은 없다. 삼성은 네 가지 프로세스마다 임원 한 명씩을 앉혀서 관리할 정도로 이 시스템을 중시했는데, 내가 '잠재 문제 분석'을 강의하는 1기 강사였다.

EMTP는 결국 이 회장이 평상시에 회의하거나 대화하며 질문하는 순서와 똑같았다. 고수가 되면 사고와 문제 해결의 방법론을 자연스럽게 터득하는 것이었으리라. 나중에 일본의 혼다를 방문하니 이들도 KT 방법론을 우리보다 먼저 도입해 교육하고 있었다. 혼다가 바이크를 만드는 작은 기업에서 글로벌 자동차 기업으로 성장한 데는 이런 프로세스가 큰 역할을 했다고 생각한다. 삼성도 그렇다.

프랑크푸르트행 비행기 안
신경영의 닻이 오르다

1993년 6월 7일, 기업인으로서의 내 삶에서 결코 잊을 수 없는 날이다. 이른바 '프랑크푸르트 신경영 선언'이 공표된 날이기 때문이다. 일본 도쿄 출장을 마친 이건희 회장은 프랑크푸르트로 가는 비행기에 올랐다. 당시 수행팀장이 바로 나였다.

새로 임명된 비서실 팀장이 회장의 해외 순방 팀장을 맡아 수행하는 게 삼성의 관행이다. 국내에선 회장과 직접 대화할 수 있는 기회가 적었다. 바쁜 일과 중에는 힘들지만 여행 중에는 소통할 수 있는 시간을 많이 가질 수 있었기에 생긴 관행이었다. 마침 그해 초부터 비서실에서 일했던 내가 수행팀장 역할을 맡게 됐다.

이건희 회장은 도쿄에서 프랑크푸르트로 출발하기 전날, 일본의 전문가들과 새벽까지 토론을 이어갔다. 밤을 꼬박 새우다시피 했는데 비행시간 직전까지는 일본 관계자들과 골프도 했다. 거의 30시간 이상을 잠을 자지 않고 깨어 있었던 것이다. 수행원들은 '틀림없이 비행기에서 주무실 것'이라고 생각했다. '이번 수행팀장은 행운이다' 라는 얘기까지 나왔다. 편하게 자면서 갈 수 있으리라는 기대감 때문이었다.

그런데 이런 예상은 비행기에 오르자마자 여지없이 깨졌다. 이 회장은 문서 하나를 주면서 "읽어 보고 왜 그런지 대책을 보고하라"고 지시했다. 그게 바로 그 유명한 'K보고서'다. K는 1993년까지 13년간 삼성전자에서 고문으로 일해 온 일본인이다. 그는 오디오 사업 부문에서 설계 기술을 가르쳤다. 보고서의 내용은 대략 이랬다.

"일본인들은 연구·개발자들이 부품이나 측정기, 각종 도구를 사용하고 나면 원래 위치로 다시 가져다 놓는다. 다음 사람이 금방 찾아 쓸 수 있도록 하기 위해서다. 연구 데이터도 잘 정리해 나중에 다시 활용한다. 중복이나 누락 없이 원활한 연구·개발이 가능한 이유다. 그런데 삼성은 13년 동안 정리정돈을 아무리 강조해도 지금까지 안 된다. 내가 하는 건 한계가 있으니 이젠 회장이 조직 문화를 바꿀 때다." 이 회장은 이 보고서를 건네며 왜 안 되는지 원인과 대책을 찾으라고 지시했다.

수행원은 모두 6명이었다. 결국 비행기 안에서 토론이 시작됐다. 책임의식·주인의식·룰(규칙·제도)·처벌 등이 없어서 그렇다는 등 많은 논의와 답이 나왔다. 한두 시간 만에 답을 내어 보여 드렸는데 이 회장은 그때까지도 잠을 자지 않고 기다리고 있었다. 몇 차례에 걸쳐 답을 드렸지만 결국 돌아오는 건 "다시"였다. 독일에 도착해 주재원을 방문하고 저녁을 먹고 또 토론이 이어졌다. 끝장을 내자는 심산이었다. 이후 몇 차례 더 보고를 해도 다 "아니다"라는 답만 들어야 했다.

밤 12시가 넘어서까지 이런 상황이 이어졌으니 이 회장이 얼마나 잠을 자지 않고 있는지 감도 오지 않았다. 보다 못한 홍라희 여사가 "사람들도 피곤하니, 이제 답을 알려 드리세요. 그래야 내일 또 일을 할 수 있죠"라고 건의하기도 했다. 이 회장은 그제야 "자기 자신을 사랑하지 않기 때문"이라는 선문답 같은 답을 주며 "잘 생각해 보라"고 말했다. '신경영'의 시작이었다.

신경영 삼성, 200명 임원의
68일 대장정

'아무리 정리정돈을 강조해도 13년간 지켜지지 않았다'는 K보고서의 파장은 만만치 않았다. 몇 번의 '다시' 끝에 듣게 된 답이 "자기 자신을 사랑하지 않기 때문"이라니⋯. 도대체 '정리정돈'과 '자기애' 사이에 무슨 관계가 있다는 것인지 처음에는 무슨 뜻인지 모를 뿐더러 감도 오지 않았다.

그런데 사고에 사고를 거듭해 가자 실마리가 하나씩 풀려 갔다. 내가 정리정돈을 잘한다는 건 결국 자기한테도 큰 도움이 돼 돌아오기 마련이다. 남을 배려하고 사랑을 베푸는 것이 마침내는 자신에게 돌아온다는 뜻이다. 결국 이 회장은 '나를 사랑해야 한다'는 근원적 얘기를 했던 것이다. 삼성이 일류 기업으로 살아남기 위해선 고객을 사랑하는 마음이 세계에서 가장 높은 수준에 오르면 되는 것이었다. 그렇게 되면 제조 현장, 사무 현장을 가리지 않고 모두 일류가 될 수 있겠다는 데까지 생각이 미쳤다.

이건희 회장이 자주하는 표현 가운데 "손가락을 보지 말고 달을 보라"라는 말이 있다. 고객 사랑, 인류 사랑이라는 달을 봐야 하는데 겉으로 드러난 사례로 지적하면 그것을 개선한다고 껍데기만 보니 본질이 고쳐지지 않는다는 것이다.

1993년 6월 7일 나온 프랑크푸르트 선언의 핵심은 '양보다 질'이었다. "지금까지는 양을 추구했는데, 이제는 질을 추구해야 한다. 양 100%를 벗어나 질 100%로 가자." 질이라는 건 고객에 대한 사랑을 표현한 것이고, 이는 결국 자신(삼성)을 위한 사랑이었다. "아무리 그래도 제조하는 사람들은 양을 제로로 생각할 수는 없습니다. 양 50, 질 50으로 하시지요." 이런 건의도 올려 봤지만 이 회장은 확고부동했다. 오로지 '질 100%', 이것이 프랑크푸르트 선언으로 시작된 신경영의 요체다.

바닥에서 먼지만 뒤집어쓰던 삼성 제품

신경영이 시작된 배경에는 여러 사건이 있었다. 발단은 'K보고서'와 'H보고서'다. 하지만 그전인 1993년 2월 로스앤젤레스(LA) 회의

부터가 시작이었다고 봐도 무방하다. 이 회장과 삼성 임원들이 LA의 전자 상가를 돌아본 일이었다. 직접 현장에 나가 보니 눈에 가장 잘 띄는 높이의 전시대에는 온통 소니나 도시바 같은 일본 제품들이 차지하고 있었다.

오히려 그 다음이 미국산이었고 삼성 제품은 맨 밑바닥에서 먼지만 쌓인 채 방치되다시피 했다. 어떤 건 고장 난 채로, 또 어떤 상가에선 덤으로 끼워 파는 경품으로 내놓은 곳도 있었다. 힘들게 생산해 낸 우리 제품이 경품 취급을 받으며 진열대 바닥에 놓인 모습은 그 자체로 충격이었다.

21세기는 정보의 혁명과 공유를 통해 모든 고객들이 1, 2등만 알고 찾는 시대가 올 것이라는 게 평소 이 회장의 생각이었다. 지동차 회사도 3등 안에는 들어야 하고 반도체도 1, 2등만 이익을 낼 것이라고 예견했다. 그런데 삼성은 1, 2등은커녕 아직 10등 안에도 못 끼는 수준이었다. 이 회장은 '이대로는 살아남기는커녕 망할 일만 남았다'고 결론을 내렸던 것이다. 회장을 제외한 어떤 임원도 이렇게 심각하게 생각하는 사람이 없었다. 그저 실적과 매출 분석만 보고 큰 문제가 없다고 여겼던 것이다. 하지만 이 회장은 세기말의 변화를 보며 누구보다 절실한 위기의식을 품고 있었다.

이 회장은 "일본에 가서 전문가들과 토론해 보니 모두 '삼성이 이대로 가면 망한다'고 하더라"라는 얘기도 했다. 당시 디자인을 지도하던 일본인 H 고문도 '이대로는 안 된다'는 내용의 보고서를 제출했다. 이 회장이 잠을 이루지 못하는 건 어찌 보면 당연했다. '이대로는 미래가 없다. 바뀌어야 한다. 그런데 어떻게 바꿔야 하나.' 잠을 이루지 못하면서 얻어 낸 답이 바로 '질' 경영이었다.

이 회장은 세계 최고의 품질이 어떤 것인지 보고 듣고 깨닫지 못한 것이 삼성 위기의 본질이라고 생각했다. "삼성전자가 우물안 개구리처럼 한국에서 1등에 오르다 보니 자만심에 빠졌다. 세계 초일류가 어떤 것인지 보고 깨닫게 하는 방법뿐이다."

어느 날 갑자기 삼성전자의 관계사 임원들을 한 명도 빼놓지 말고 다 집합시키라는 명령이 떨어졌다. 그렇게 해서 200명이 넘는 삼성전자 임원들이 프랑크푸르트에 모였다.

이들이 오는 동안 수행팀에 떨어진 명령은 "이제부터 유럽에서 세계 최고를 찾고 견학시켜 보여 주라"는 것이었다. 자동차 제조의 최고라는 벤츠와 폭스바겐, 에어버스를 조립하는 파리 공항 조립 현장, 세계 제일의 백화점과 각종 인프라 등 세계 최고의 리스트를 만들었다. 그리고 실제 그 리스트대로 직접 찾아갔다. 돌아와서는 매일 저녁마다 각자 보고 들은 것에 대한 회의가 열렸다. '뼈저린 반성'이 회의 내용의 대부분일 수밖에 없었다.

그렇게 시작된 것이 유럽과 일본을 거쳐 68일간 이어졌다. 그동안 임원들은 회사 일에서 완벽하게 벗어났고 전화도 할 수 없었다. 몇가지 질책만 듣고 곧 돌아갈 것으로 생각해 2~3일 출장 준비만 해온 사람도 많았다.

세계의 기업 역사에서 리더들의 마인드를 바꾸기 위한 이런 집중교육 사례는 찾아보기 힘들다. 세계 최고를 직접 보고 우리의 현실과 비교하는 과정을 통해 임원들 전부가 '우리가 우물 안 개구리'였다는 걸 깨달았다. 그 깨달음은 현장 개선으로 이어졌다. 바로 이런 혁신 과정을 통해 오늘날 글로벌 삼성이 나온 것이다.

일본 자동차 업계에 유사한 경험이 있다. 유럽형 고급차 시장에서 성공한 도요타의 렉서스와 닛산의 인피니티의 성공 사례. 일본 자동차 업계의 꿈은 유럽의 고급차 시장에 진출하는 것이었다. 독일 아우토반에 오르면 시속 200킬로미터가 넘게 고속 질주하는데, 그 길에서 일본 차는 제 성능을 발휘하지 못했다. 내구성과 신뢰성이 문제였다. 일본 제품들이 유럽에서 제자리를 잡지 못하고 있을 때, 닛산이나 도요타도 엄청난 노력을 했지만 번번이 실패하고 말았다.

이에 닛산은 "우리기 독일 차처럼 만들지 못하는 건 몸으로 느끼지 못하기 때문"이라는 결론을 내렸다. 닛산 회장은 개발자들을 독일로 보내 독일 최고의 차를 타게 하고 최고의 인프라를 경험하고 오게 했다. 그렇게 1년을 독일에서 생활하고 연구하고 돌아오니 과거 일본산 차를 타며 만족했던 체질이 사라졌다.

일류 자동차만 타다 오니 "이건 자동차도 아니다"라는 말까지 나왔다고 한다. 그렇게 해서 유럽에서 처음 성공한 차가 인피니티다. 이를 똑같이 벤치마킹한 도요타도 렉서스를 성공시켰다. 두 브랜드는 유럽 시장 공략에 성공하면서 세계적인 명차 대열에 올라섰다. 직접 보고 듣고 느끼고 깨달음을 얻는 것이 얼마나 중요한지 보여주는 사례다.

직접 경험해야
일류가 된다

삼성도 그랬다. 매일 저녁 큰 강당에 모여 서로 반성한 얘기를 나눴다. 한번은 프랑크푸르트 호텔의 지배인이 "당신들은 무슨 종교 집단이냐"고 물은 적도 있다. 다들 검은색 양복을 차려입고 낮에는 전도하러 다니듯 빠져나가고 밤이 되면 교주 같은 사람이 맨 앞에 앉아 있고 앞에 나와 얘기하며 눈물까지 흘리는 일이 계속됐으니 종교 모임처럼 보이는 것도 무리는 아니었을 것이다. 일류를 체험하기 위해 호텔·음식·교통 등 모든 스케줄이 세계 최고로만 짜여졌다.

한 기업이 변화하고 혁신을 이룰 때 가장 중요한 것은 안에 있는 사람들의 깨달음이다. 그저 지시한다고 해서 혁신이 이뤄지지는 않는다. 마음으로 깨닫게 해 스스로의 눈높이를 높여 줘야 한다.

신경영 행보 가운데 제일 기억에 남는 이 회장의 말이 있다. "삼성이 이 세기말의 큰 변화 속에 혁신하지 않으면 결국 망할 것이다. 망하면 무엇을 할 것인지 각자 생각해 보라"는 지시였다. 이 말은 임원들에게 큰 깨달음을 준 계기가 됐다. 임원쯤 되면 자기 손으로 하는 일이 거의 없다. 주위에서 다 해 주기 때문이다. 비행기표 하나 제 손으로 못 끊는, 더구나 망한 회사의 사람을 어디에서 받아 줄까. 스스로 할 수 있는 일이 없다는 걸 깨달은 건 정말 충격적이었다.

또 다른 충격도 있었다. 임원들이 자리를 비운 사이 부장급에게 회사를 맡겨 놓았는데 돌아와 보니 오히려 그전보다 더 잘하고 있더라는 사실이었다. 심하게 말하면 '임원들이 부장들에게 얹혀살고 있었다'는 뜻이었다.

임원은 상황을 크게 분석해 과제를 설정하고 조직을 변화시키는 전략적 기능을 맡아야 한다. 제 부서만이 아니라 회사 전체의 총제적인 발전을 위해 노력해야 하는 것이다. 그전까지는 그저 부분 최적화에만 집중했다. 실로 엄청난 반성의 계기였다. 신경영 정신은 요즘 같은 위기에 다시금 돌이켜봐야만 한다.

삼성 '4대 헌법'과
'인재 제일'의 가치

제너럴일렉트릭(GE)의 잭 웰치 회장이 한 국을 찾아 강연한 적이 있다. 이 자리에서 그는 "회사 내의 좋은 얘기는 회장에게 제일 빨리 보고되고 나쁜 얘기는 제일 늦게 보고된다"고 말했다. 소통의 중요성을 강조한 얘기다.

GE에는 '워크아웃'이라고 부르는 회의가 있다. 조직 내 문제를 있는 그대로 최고경영진까지 공유할 수 있는 문화를 만드는 시스템의 하나다. 어떤 문제가 있으면 관계자들이 한자리에 모여 1박 2일, 2박 3일의 토론을 통해 문제의 뿌리를 캐고 대책을 수립하고, 누가 언제 어떻게 개선할 것인가까지 결정하여 끝장을 보는 소통과 통합의 토론 시스템이라 할 수 있다. GE는 워크아웃을 통해 근본적인 문제들을 해결하고 소통하고 통합하는 벽 없는 조직 문화를 이루었다. 그래서 웰치 회장은 20여 년의 재임 기간 중 가장 잘한 일이 무엇이냐는 기자의 질문에 워크아웃을 도입한 일이라 명쾌하게 답했던 것이다. 이건희 회장도 신경영에서 이를 강조했다.

이건희 회장이
비디오 보는 법

이건희 회장은 장애인 공장에 특별한 관심을 가지고 있었다. 장애인들이 주체기 되어 자립하고 행복하게 일할 수 있는 "장애인들을 위한 장애인 전용 공장을 만들자"고 얘기했다. 프로젝트팀을 구성하고 세계에서 가장 좋은 공장을 만들어 성공 모델을 만들면 많은 기업들이 따라할 것이라고 격려했다. 지금의 '무궁화전자'인데 수원의 삼성전자 단지 바로 옆에 있다. 이곳은 지금도 세계 각지에서 벤치마킹을 위해 찾는다.

프로젝트팀은 몇 달 동안 전 세계를 돌며 세계에서 가장 뛰어난 장애인 공장을 견학하고 연구하여 기획안을 마련하였다. 마침 도쿄 방문 일정 중에 기획안을 보고하는 자리가 마련되어 나도 참석할 수 있었다.

담당 팀장은 이 회장에게 자신들이 돌아본 세계의 유명 공장들의 현황과 준비한 상세 설계안을 보고했다. 그런데 보고를 다 들은 이 회장은 '세 가지'를 지적하며 다시 보완하라고 지시했다. 회의가 끝난 후 팀원들이 내게 물었다.

"회장님이 장애인 공장에 대해 전혀 공부하지 않으셨을 텐데, 어떻게 그렇게 족집게처럼 집어낼 수 있죠? 우리도 전 세계를 돌며 지적하신 부분을 보긴 했는데, 비용이 너무 많이 들어서 뺐거든요. 혹시 비서실에서 미리 검토해 보고한 게 있나요?"

"우리도 처음 듣는다"고 해도 믿지 않는 분위기였다. 나도 궁금하긴 마찬가지여서 나중에 이 회장에게 직접 물어봤다. "어떻게 그렇게 하셨습니까? 팀원들이 굉장히 놀라워했습니다. 비결이 무엇인가요?" 그러자 엉뚱한 대답이 돌아왔다. "자네들은 장애인이 나오는 영화도 본 적이 없나?" 이 회장이 비디오를 많이 본다는 건 익히 알고 있었다. 회장의 말에 따르면 장애인에는 두 종류가 있는데, 선천적 장애인과 후천적 장애인이다.

"선천적 장애와 후천적 장애는 완전히 다르다. 각각을 다룬 영화도 다르다. 비디오를 볼 때 한 번 보면 모른다. 장애인의 처지에서 보고, 장애인의 절친한 친구로서 보고, 리더 역할에서 보는 등 다양한 시점에서 비디오를 보면 볼 때마다 느낌과 깨달음이 다르다. 드라마 속에 감춰 둔 얘기들을 볼수록 많이 찾아낼 수 있다."

신경영식 용어로 하면 '입체적으로 사고하라'는 말과 같았다. 갑·을·병의 다양한 입장에서 봐야 문제의 본질을 이해할 수 있다는 뜻이다. 이 회장이 강조하는 "다섯 번 '왜?'를 하라"는 말도 같은 맥락에서 이해할 수 있다.

커뮤니케이션이 중요한 만큼 개개인의 성격과 특성을 이해하는 것도 중요하다. 대표적인 것이 한국인과 일본인의 차이다. 삼성과 NEC는 초기에 합작회사를 운영했다. 삼성SDI의 브라운관 사업이다. 삼성과 NEC는 여러 분야에서 다양한 협력이 추진되었는데 이를 촉진하기 위해 양 그룹 간에 정기적인 협력 회의를 운영했다.

협력 회의 속에 반도체 분과 회의가 운영되었는데 그 회의 모습을 들여다보면 재미있는 현상을 발견할 수 있다. 삼성 사람들이 학생처럼 질문을 연발하면 일본 사람들이 선생님처럼 답을 주는 광경이 많았다는 것이다. 실제로 직원들의 연령대도 삼성에는 젊은층이, 일본에는 장년층이 많았다. 그런데 제품을 개발해 물건이 나오는 게 어느 시점부터 삼성이 NEC를 앞지르기 시작했다. NEC가 앞서 가던 개발 경쟁에서 1992년 삼성이 최초로 64메가 D램 개발에 성공하면서부터 역전이 시작된 것이다. 한 사람 한 사람을 만나면 스승과 제자 같은데, 기업으로 보면 삼성이 훨씬 빨랐다. 신기한 일이다.

조직심리학 전문가인 박재호 영남대 교수는 이렇게 말했다. "일본에 있는 후지산은 꼭대기가 뾰족하다. 한국의 백두산이나 한라산에는 큰 연못이 하나 있어 물이 가득차고 넓다. 일본인들은 하나의 기술을 천직으로 생각하고 사명감으로 깊이 있게 파고들어가 세계적 기술자가 된다. 대신 옆의 다른 기술에는 관심이 없어 시너지 창출이 안 된다. 그런데 한국은 깊이는 없지만, 주변에 관심이 많아 이것저것 들여다보고 얘기해서 이해하는 폭이 넓다. 협력·교류를 통해 시너지를 내는 데는 한국 기술자들이 뛰어나다는 뜻이다. 한국과 일본이 협력만 잘하면 엄청난 시너지가 나올 것이다."

68일간의 신경영 대장정이 끝나갈 무렵이다. 이 회장은 "앞으로 신경영을 하려면 헌법이 있어야 하지 않겠나"라고 얘기했다. 다들 '기업에 웬 헌법이냐'고 생각했지만, 회장의 지시니 머리를 싸매고 고민할 수밖에 없었다. 하지만 아무리 논의해도 뾰족한 답이 나오지 않았다. 아무리 생각해도 모르겠다고 실토할 수밖에 없었다. 그랬더니 이 회장은 '인간미·도덕성·예의범절·에티켓'이라는 다소 뜻밖의 '4대 헌법'을 얘기했다.

나중에 삼성전자에 와서 프로세스를 혁신하게 됐다. 고객 만족을 위해 어떤 프로세스를 만들 것인지 연구하는 작업이었다. 그런데 여기서 가장 중요한 것이 수많은 조직과 직원들의 '도덕성'과 '인간미'가 갖춰져야만 비로소 프로세스가 제대로 작동한다는 것이다. 또 서로 에티켓과 예의범절을 갖춰야만 프로세스가 원활하게 돌아갔다.

프로세스만이 아니다. 1988년 이 회장이 제시한 제2창업정신의 자율 경영, 인간 존중이 실현되려면 4대 헌법이 체질화되고 조직 문화의 토양이 되어야 한다는 깊은 뜻을 이해하게 되었다. 이 회장의 4대 헌법은 바로 이렇게 가장 근원이 되는 정신문화를 가리키는 것이었다. 그제야 이 회장이 엄청난 고심 끝에 생각해 낸 것이 바로 4대 헌법이라는 걸 깨달았다.

인간미와 도덕성 갖춘
기업이 되어라

누군가 "에티켓과 예의범절의 차이가 뭐냐"고 물은 적이 있다. 예를 들어 설렁탕집에 청년 두 명이 들어와 두 그릇을 시켰다고 하자. 이어서 노인 두 분이 들어와 똑같이 주문했다. 그렇다면 주인이 어떻게 해야 에티켓이고 예의범절일까.

서구의 에티켓은 선입선출이다. 먼저 주문한 사람에게 먼저 주는 게 맞다. 그러나 동양적인 예의범절로 치면 당연히 어른부터 갖다 드리는 게 맞다. 이럴 때 주인은 두 가지 모두 고려해야 한다. 제 마음대로 결정하면 두 그룹 모두 반발하거나 섭섭해할 것이다.

젊은이에게 가서 "미안하지만 노인들이 시장하고 힘들어 보이니 먼저 드리면 안 되겠나"라고 물으면 어떤 젊은이들이 안 된다고 하겠는가. 이게 바로 에티켓과 예의범절을 따로 말하는 이유다. 조직 안에서도 마찬가지다. 두 가지를 모으는 지혜가 필요하다.

인간미와 도덕성을 강조한 건 인재 양성에 관한 부분이다. 삼성에 들어온 직원들은 한국에서 제일 똑똑하다는 인재들이다. 부모에겐 가장 소중한 자식이다. 그들을 가치 있는 인재로 키워 성장시키면 그게 바로 인간미와 도덕성 있는 일이다. 남의 귀한 자식을 데려다 형편없는 인재를 만든다면 인간미와 도덕성이 제로라는 뜻이다.

삼성도 초기에는 친인척들을 많이 활용했다. 하지만 그러면 잘못된 문제들이 벌어지기 쉽다. 이런 폐단을 알게 된 후부터 삼성 안에 친인척이 사라졌다. 혹여 친인척 관계에 있으면 오히려 승진이 늦어졌다. 회장의 특별 감사 지시가 있었기 때문이다. 협력업체라도 거래량이 늘거나 가격이 바뀌면 다른 사람보다 더 엄격하게 따졌다.

자연스럽게 친인척의 권력 행사나 비리가 사라졌다. 회장이 그러니 사장들은 엄두도 못 낼 일이었다. 사람의 중요성에 대한 철학이 있었기 때문에 가능했던 일이다. "사람 관리에 80%를 썼다"는 이병철 회장, 역시 '인재 제일'을 외친 이건희 회장의 철학은 오늘날의 삼성을 있게 한 근본이다.

창의는 힘들다,
유지하는 건 더 힘들다

이건희 삼성전자 회장의 '신경영'은 사실상 '창의'의 삼성을 만들기 위한 변화의 노력이라고 할 수 있다. 선대 이병철 회장은 '인재 제일, 사업 보국, 합리 추구'라는 3대 경영 이념을 제시하고 이에 따라 공채 제도 도입, 연수원 건립 등의 인재 양성 프로그램을 만들었다. 글로벌 스탠더드에 맞는 합리적인 시스템을 제일 먼저 들여 온 것이다.

1980년대 들어오면서 새로운 변화의 시대가 열렸다. 컴퓨터 · 반도체가 발전하면서 지식 기반 사회로 변화해 가기 시작했다. 모든 사람들이 각자 존중받길 원하고 꿈을 이루길 원하고 창의를 살리고 싶어 하는 욕구가 1980년대부터 시작된 것이다.

신경영은 곧
창의 경영

이 회장은 '삼성은 잘 짜인 조직이지만 관료화돼 창의가 숨 쉬지 못한다'고 생각했다. 한 명 한 명의 역량이 제대로 발휘하지 못하는 환경이었다. 1988년에 회장으로 취임하며 제2의 창업 이념을 선포했는데, '자율 경영, 기술 중시, 인간 존중' 세 가지다.

"자율을 통해서만이 창의가 살아난다. 관리의 틀 속에선 역량을 극대화해 발휘할 수 없다. 앞으로의 지식 기반 사회는 자율적으로 능력을 발휘해야 한다. 그 바탕이 되는 핵심 역량이 기술이다. 모방에서 벗어나 우리만의 첨단 기술로 혁신하지 않으면 성공할 수 없다. 이 모든 것의 바탕에 인간 존중이 들어 있어야 한다." 요약하면 이랬다.

요즘 와서 보니 융합과 창조가 시대의 화두다. 1980년대만 해도 창조라는 인식조차 없었던 시대다. 리더의 선견지명이 얼마나 중요한지 일러 주는 사례. 당시 이면우 서울대 산업공학과 교수에게 자문해 강의를 들은 적이 있는데 삼성을 '관리·전략·창의'의 기준으로 나눴던 기억이 난다. 이 교수는 당시 강연에서 "지금까지는 관리의 삼성으로 고도성장을 이룩했지만 앞으로 21세기 시대는 창조의 시대로 가야 한다. 지금부터 노력해 창의와 전략의 삼성을 만들라"고 조언했다.

'관리의 삼성'이라는 말은 기업의 조직 문화가 조직원들에게 잘 배어 있다는 뜻이다. 하지만 창의는 문제가 다르다. 아무리 창의적인 인재라고 하더라도 관료적 조직에선 살아남을 수 없다. 삼성전자에서도 창의적인 조직을 만들기 위해 이에 걸맞은 인재들을 모아 조직을 꾸려 시험 운영한 적이 있다. 아무런 제약이 없는 자유분방한 환경을 만들어 준 후 이들에게 삼성의 창의를 맡겼던 것이다. 1994년 삼성전자 전략기획실로 발령받은 후 그 조직을 둘러보았다. 하지만 직접 가서 보니 창의적인 아이디어라곤 도무지 찾아보기 어려웠다. 새로 2기 생을 모아 팀을 운영해도 답이 나오지 않는 건 마찬가지였다.

고민 끝에 다시 이면우 교수에게 부탁했다. 이렇게 젊고 창의적인 인재들을 모아 환경과 일하는 시스템을 다 바꿔 주며 마음껏 하라고 했는데 아무 결과가 없으니 지도해 달라는 것이었다. 이 교수는 한번 맡아 보겠다고 했다. 그때부터 비로소 창의 삼성을 위한 지도가 시작됐다.

당시 삼성은 백색 가전 부문이 경쟁사에 비해 특히 약했다. 이 부문에서 창의적 아이디어를 발굴해 주면 좋겠다고 제의했는데 놀랍게도 3개월이 지나니 완전히 새로운 세탁기·냉장고·전자레인지가 나오는 게 아닌가. 불과 3개월 만에 워킹 모델(작동 모델)까지 등장했다. 이 교수는 도대체 뭘 어떻게 한 것일까.

결론부터 말하면 창의적인 조직을 만들기 위해선 시스템과 리더십이 뒷받침돼야만 한다. 마냥 편안한 상태에서 아이디어를 내놓으라고 하면 인간의 뇌는 돌아가지 않는다는 게 이 교수의 설명이었다. 이 교수는 팀원들에게 "백색 가전에서 한 번도 LG에 이겨 본 적이 없다. 목표는 3개월이다"라는 슬로건을 던졌다.

그러곤 팀원들과 매일 새벽 2~3시까지 함께 연구하고 뒹굴다시피 했다. 이런 리더라면 함께할 수 있다는 공감대가 생기자 팀원들 스스로 똘똘 뭉치기 시작했다. 시험 제작을 하는 것도 빨랐다. 당시 삼성의 시스템을 활용하면 6개월도 더 걸렸다. 이 교수는 "대한민국 내에서 찾아보면 얼마든지 빠른 방법이 있다"며 새로운 방법론을 찾았다. 당시만 해도 청계천 세운상가만 가면 어떤 부품, 어떤 모양이든 밤을 새워 만들어 주는 소규모 업체들이 엄청나게 많았다. 그렇게 모든 사람들이 밤낮없이 노력하니 3개월 만에 워킹 모델이 나오기에 이른 것이다.

창의적인 기업만이 지속 가능한 성장을 할 수 있다. 소니는 본래 독창적인 기술로 세상에 없는 제품을 만들던 회사였는데, 재무관리를 중시한 나머지 오늘날 위기에 몰리게 됐다.

창의적 리더가 창의적 조직을 만든다

창의의 삼성(조직)을 만들기 위해선 그만큼 창의적 리더가 중요했다. 리더를 중심으로 창의적인 조직 문화를 만들고 그것을 끊임없이 지원할 수 있는 시스템을 만들어야 했다.

미국의 제너럴모터스(GM)는 도산 직전까지 가는 어려움을 겪다가 최근에 다시 미국 시장 1위를 탈환했다. GM의 전 부회장이자 지금은 고문으로 있는 밥 루츠의 일화가 재미있다. 그는 GM에 있다가 포드와 크라이슬러를 거쳐 2009년에 다시 GM 부회장으로 돌아왔다. 그런데 복귀해서 보니 최고의 제품으로 승부한다는 기존 경영 철학이 재무 성과만 추구하는 경영진의 방침 때문에 흐트러져 있었다고 한다. 품질과 명성을 잃는 순간 도산 직전까지 가게 된 것이다. 밥 루츠는 이를 "현장 인력(Car Guys) 대 회계사(Bean Counters)"라고 표현했다. '차를 만드는 장인과 콩을 세는 재무관리자'라는 뜻이다. 최고의 기술자들이 재무 관리자들에게 밀리는 순간 기업의 경쟁력은 무너지고 만다.

밥 루츠는 제일 먼저 디자이너에게 "어떻게 이런 엉터리 같은 디자인을 하느냐"고 질책했다. 그러자 디자인 총괄은 "제품의 원가절감만 고려해 자신의 의견은 반영되지 않았다"고 말했다. GM의 최고 경영 방침이 재무책임자들에게 밀린 것을 보여 주는 단적인 사례나.

오늘날 소니가 이 지경에 이르게 된 것도 비슷하다. 소니는 본래 독창적인 기술, 세상에 없는 것을 만드는 기술력으로 승부하는 기업이었다. 하지만 창조적인 연구·개발(R&D) 활동을 무시하고 재무적인 측면, 서비스 부문에 힘을 기울이는 순간 핵심 역량을 잃어버리게 됐다.

이 회장이 2000년대 들어 다시 강조하는 것도 창조 경영이다. 또 이를 위해 "초일류 인재를 확보하는 것이 삼성의 살 길"이라고 얘기하곤 한다. 얼마 전 경영 일선에 다시 복귀하고 나서도 이를 강조하고 있다고 들었다.

창조적인 조직과 문화를 만드는 것도 힘들지만 그만큼 이를 유지하는 것도 힘들다는 것을 보여 준다. 결국은 창의를 실현하는 리더를 양성하고 그들이 역량을 발휘할 수 있도록 시스템을 갖춰야만 진정한 창의 조직으로 변신할 수 있다.

애플이라는 기업의 부침은 한 사람의 리더가 조직의 성패에 얼마나 결정적인 영향을 미치는지 고스란히 보여 주는 좋은 사례다. 애플은 스티브 잡스라는 리더를 떼어 놓고는 상상하기 어려운 기업이다. 잡스라는 창의적 리더가 있을 때 애플은 반짝일 수 있었다. 하지만 그가 자신이 세운 회사에서 재무 전문가들에 의해 쫓겨나자 비로소 위기가 시작됐다. 이후 잡스가 복귀하자 놀라운 변신을 거듭하며 오늘날 최고의 글로벌 정보 기술(IT) 기업으로 성장했다. 잡스는 어떤 제품을 내놓을 것인가라는 문제보다 어떻게 하면 조직의 문화를 창의적으로 발전시켜 갈 수 있을지 고민했다. 그리고 그것이 애플의 미래를 결정한다고 믿었다.

브레인스토밍의 핵심은 다른 사람의 아이디어에 대해 비평하지 않는 것이다. 그리고 남의 아이디어에 편승해 발전시키는 것을 장려하는 것이다. 관리하려고 하는 순간 아이디어를 판단하고 평가하게 된다. 그리고 그 순간 아이디어는 사라지고 만다. 근무 환경이 아무리 창의적으로 바뀌어도 창의적인 조직으로 변하지 않는 이유는 리더의 창의성이 부족하기 때문이다. 이런 상태에서 창의적인 환경은 공간 낭비일 뿐이다.

'어디든 쫓아가 배워라'
초일류화의 시작

훌륭한 혁신 사례가 있다면 누가 됐든, 어디가 됐든 찾아가 배워야 한다. 이건희 회장도 그랬다. 이 회장은 1994년 즈음 일본의 이즈모시(市)를 찾았다. 이곳은 동해를 면하고 있는 작은 도시로, 이곳의 시장인 이와쿠니 데쓴도(岩國哲人)의 혁신은 바다 건너 한국에까지 알려졌다. 1936년에 태어난 이와쿠니 시장은 시를 국제도시로, 살기 좋은 도시로 만든 인물로 유명하다. 이런 이야기를 듣고 벤치마킹하기 위해 이 회장과 비서실 팀장들, 사장단 등이 모두 함께 시를 방문했다.

이즈모는 이름 없는 중소 도시에 불과했다. 점점 쇠락해 가는 시를 보며 어느 날 지역의 원로들이 모였다. 이대로는 시가 몰락하겠다고 판단한 원로들은 **훌륭한 시장을 모셔 와** 시를 부흥시키기로 결의했다. 이즈모시 출신 인재들을 점검하다가 이와쿠니 데쓴도를 찾아냈다. 이와쿠니는 당시 미국 월스트리트의 모건스탠리를 거쳐 메릴린치의 부사장으로 일하던 잘나가는 금융인이었다.

시의 원로들은 그에게 "당신이 경제적으로 뭐가 더 필요하겠나. 지금까지 번 것만으로도 충분히 살 수 있다. 고향을 최고의 도시로 만드는 게 얼마나 보람 있는 일이냐, 고향에 와서 일하라"라며 집요한 설득에 들어갔다. 결국 항복 선언을 받아 냈고 이와쿠니는 고향에 돌아와 선거를 통해 시장이 되었다. 1989년의 일이다.

이즈모시를 방문해 보니 생각보다 놀라웠다. 우선 곳곳의 나무 한 그루도 대강 심은 게 아니라 철저하게 글로벌화 계획에 맞춰 심어져 있었다. 행복한 도시를 위한 마스터플랜도 돋보였다. '행정도 서비스'라는 유명한 슬로건 아래 백화점이나 대형 마트 같은 곳에 공무원 출장소가 마련돼 있었다.

주중, 주말 할 것 없이 시민들이 가장 많이 모이는 곳에 출장소를 열고 시민 중심의 행정을 실현한 것이다. 시의 모든 행정은 시민 중심으로 돌아갔다. 시민을 위한 서비스 정신을 기업으로 돌리면 고객을 위한 정신으로 바꿀 수 있다. 이와쿠니 시장의 사례는 한 명의 리더가 세상을 어떻게 바꾸는지를 보여 준다.

한국에도 비슷한 사례가 있다. 전남 장성군 얘기다. 장성군은 광주시 외곽에 자리한 곳으로, 얼마 전 작고한 김흥식 군수의 혁신이 군 전체를 변화시켜 화제를 모았다. 김 군수는 김황식 전 국무총리의 친형이다.

김 군수는 '광주 같은 대도시에 살던 사람들이 은퇴하면 어디에 살고 싶어 할까. 환경이 아름답고 먹을거리가 풍부하고 인심도 좋은 시골 마을에서 은퇴 생활을 즐기고 싶어 하지 않겠나. 이런 장성군을 만들자'고 결심했다.

계획의 시작은 '장성아카데미' 설립이었다. 군민이 지혜로워야 장성이 발전한다는 뜻에서 세운 아카데미에는 매주 저명한 선생님들을 모셔 강의를 열었다. 강의는 한 주도 빠지지 않고 진행됐다. 500명 정도가 정원인 강당에는 매번 계단까지 강의를 들으려는 사람들로 꽉 들어찼다. 군민들은 물론이고 지역의 군인·경찰·종교인 등 온갖 사람들이 모였다. 김 군수는 언제나 맨 앞에 앉아 강연을 경청했다. 그러다 보니 연사들도 장성군에 한 번 갔다 오는 게 자랑스러운 경력이 됐을 정도였다.

군은 공무원들의 수준을 높이기 위해 600명에 이르는 공무원 전원을 유럽 연수를 보냈다. 예산이 없으니 비행기 값만 대 주고 나머지 일정은 배낭여행 수준이었다.

교육이 이뤄지자 아이디어가 샘솟기 시작했다. '어떻게 하면 장성군을 세계에서 가장 좋은 동네로 만들까' 하는 생각에 '나무를 심어 하늘에서 봤을 때 집이 보이지 않게 하자'는 20년 플랜이 나왔다. '유럽에 가 보니 정말 아름다운 집뿐인데, 우리도 이를 배우자'는 아이디어에 서울의 유명한 건축가를 찾아가 돈을 주고 설계도를 받아 왔다.

이를 전시해 놓고 누구든지 무료로 활용할 수 있도록 권장했다. 그렇게 20~30년 노력하면 마을 전체가 아름다운 집들로 탈바꿈한다는 생각이었다. 아름다운 집과 수많은 나무, 교육을 받아 지혜로워진 사람들. 이것만으로도 얼마나 좋은 장성군이 되었을까. 공무원들도 이전과 달라졌다. 국가에서 하는 아이디어나 제안 공모에 응모해 매번 수상하며 상금을 받아 왔다. 《주식회사 장성군》이라는 베스트셀러가 나왔을 정도로 지방자치단체의 혁신 모범 사례로 이름을 떨쳤다.

프로세스를 바꿔야 일류가 된다

1994년 1월 삼성전자의 전략기획실장으로 발령받았다. 당시 전략기획실에선 마침 프로세스 혁신 작업이 막 시작되고 있었다. 각계의 전문가들을 불러 마스터플랜을 짜던 시기였고 나 역시 이에 참여하게 됐다.

언스트앤영이라는 미국 컨설팅 회사에 자문을 받으며 프로세스 혁신을 시작했다. 마스터플랜 중 가장 오래 걸리고 힘들었던 작업은 '어떤 회사를 만들 것인가'에 대한 고민, 즉 비전을 잡는 일이었다. 대부분의 한국 기업은 목표를 세울 때 톱다운 방식을 적용한다. 하지만 언스트앤영은 전사적 공감대를 통해 비전과 목표를 정해야 한다고 조언했다. 직원들 스스로가 정한 비전이라고 생각하면 참여의 수준이 달라진다는 뜻이었다.

언스트앤영의 컨설턴트들이 프로세스의 중요성을 일러 주기 위해 연 강연이 생각난다. 그들은 테니스 공을 가져온 후 10명씩 그룹을 지어 늘어서게 했다. 그러고는 첫 번째부터 마지막 사람까지 얼마나 빨리 전달하는지 시간을 쟀다. 1미터씩 띄엄띄엄 서 있으면 시간이 더 걸리기 마련이다. 어떻게 하면 시간을 줄일지 고민해 보라는 요구에 서 있는 거리를 줄이자 시간이 제법 단축됐다. 다른 아이디어도 찾으라고 하자 한 줄이 아닌 빙 돌아서 해 보는 등 여러 가지 아이디어가 나왔다. 새로운 아이디어를 실행에 옮길 때마다 시간도 단축됐다.

마지막으로 한 컨설턴트가 더 좋은 방법이 있다며 시범을 보였다. 그러고는 10명이 손바닥을 둥글게 만들어 수직으로 터널을 만들게 한 다음 위에서 공을 떨어뜨렸다.

"프로세스란 바로 이런 것이다. 미국은 이미 95%의 일을 정보시스템(컴퓨터)이 하고 아주 복합적이고 전문적인 분야의 5%만 사람이 한다. 삼성은 95%가 사람이 하고 있더라. 이걸 고치면 얼마나 달라지겠나. 이것이 바로 BPR(Business Process Reengineering)이다."

프로세스 혁신에서 제일 우선인 것은 일본 이즈모시의 이와쿠니 시장, 언스트앤영 등 세계에서 가장 잘 아는 사람들을 찾아가 배우는 것이다. 그러고 나서 이를 능가하게 되면 비로소 최고의 프로세스가 되는 것이다. 삼성전자도 이후 미국의 휴렛팩커드(HP)를 찾고 제록스의 창고 시스템을 견학하고 IBM의 프로세스를 보고 배우며 토론해 비전을 세우기 시작했다.

'생산성을 300% 올리자'는 과거의 구호는 '우리의 프로세스를 세계 최고로 만들자'는 슬로건으로 바뀌었다. 제품 관리, 경영 관리, 물류 관리 등을 통해 5년 안에 모든 걸 바꾸자는 목표를 세웠다. 1999년 말까지 6년 정도가 소요되는 일이었다. 3P의 일류화, 즉 기술(Product)의 일류화, 사람(People)의 일류화, 일하는 방법(Process)의 일류화를 이룩하면 비로소 세계 일류가 된다. 그때부터 삼성의 '일류화'가 시작된 것이다.

중소기업이 중견기업이나 대기업으로 성장하지 못하는 가장 어려운 이유가 일하는 프로세스의 차이에 있다. 한국의 컨설팅 회사들은 대부분 대기업 중심이다. 그러다 보니 중소기업·중견기업은 새로운 프로세스나 방법론을 체계적으로 도입할 수 있는 기회가 별로 없다. 그러니 일하는 방법에서 수준 차이가 나고 경쟁이 안 될 수밖에 없다.

이 문제를 해결하는 것이 시급한 국가적 과제다. 일하는 방법은 대학에서부터 가르쳐야 한다. 미국의 대학에선 학문의 본질과 함께 일하는 방법, 즉 프로세스를 다 가르친다. 대학을 졸업해 중소기업에 입사해 이를 전파하면 전체적인 기업 경쟁력이 올라가는 시스템이다. 핀란드는 대부분의 대학이 폴리텍, 즉 지역과 산학협력 시스템으로 이뤄져 있다. 대학과 지역사회가 함께하는 교육 시스템이다.

당연한 것은 없다
'생각의 틀을 깨라'

삼성전자 전략기획실에서 추진했던 프로젝트 중 하나가 '복합 단지' 개발이다. 이건희 회장은 신경영을 추진하면서 '복합화'라는 화두를 던졌다. 요즘 표현으로는 융합이다. "앞으로는 복합화의 시대다. 여러 곳으로 분산돼 있는 요소를 한 지역에 모아 시너지를 창출하도록 복합 단지를 만드는 것이 바람직하다." 연구·개발 부문에서 어떻게 하면 융합과 시너지 실현을 위해 좋은 환경을 만들어 낼 수 있을까.

수원의 삼성전자 단지는 165만 2,500평방미터(약 50만 평) 규모인데, 이 회장은 여기에 종합 연구 단지를 만들고 싶어 했다. 연구원이 1만, 2만 명씩 늘다 보니 여기저기 분산되기 시작했고 늘어나는 연구 인력 수요를 따라갈 수 없을 정도로 규모가 팽창했기 때문이다.

50층 정도의 연구·개발(R&D) 건물 하나를 크게 지어 모든 부문을 통합하자는 게 이 회장의 구상이었다. 어떤 부문이든 5분 내에 교류가 가능하면 엄청난 시너지가 나올 것이란 계산에서였다. 그런데 인근 오산 비행장의 고도 제한 때문에 27층 이상 되는 건물을 지을 수 없었다. 현재 수원에 가 보면 27층 규모의 R&D 건물 4개 동이 나란히 있는 걸 볼 수 있다. 하나의 단지 안에 R&D 연구 조직들이 긴밀하게 배치돼 있는 기업은 지금도 찾아보기 어렵다.

삼성전자의 성공 원동력 중 하나가 바로 이 종합 연구 단지라 생각한다. 대부분의 전자 업체들은 분야별로 분산돼 있다. 삼성전자는 수만 명의 연구·개발 인력을 수원으로 통합하고 인접해 있는 기술원, 반도체, SDI, 전기 등의 연구·개발 부문과의 복합화와 시너지 창출이 가능하도록 다각적인 노력을 기울이고 있다. 서로 돕고 협력하고 회의할 일이 있으면 단 몇 분 만에 다 모여 교류·협력할 수 있다. 시간만 단축한 게 아니다. 교류 활성화를 통해 융·복합을 효율적으로 달성한 모델이 바로 수원 단지였다.

복합 단지 개발로
시너지 극대화

수원에서의 성공으로 해외의 산업 단지 건설도 복합화가 기본 전략이 됐다. 현지 교섭력, 기업 간 교류 협력을 통한 관리 효율·시너지 창출이 복합화의 기본 개념이다. 이에 따라 영국의 원야드, 미국의 티후아나(멕시코), 말레이시아의 세렘반, 브라질의 마나우스 단지 등 지역별로 커다란 하나의 거점이 마련되기 시작했다.

반면 중국은 엄청나게 넓은 땅덩어리로 수십 개 나라가 모인 것과 같은 셈이어서 하나의 단지로는 부족하다는 판단이 섰다. 결국 여러 지역에 분산 배치하는 방법을 찾자고 결론을 내린 후 5개 권역으로 나눴다. 둥베이삼성(東北三省), 베이징·톈진, 상하이·쑤저우, 광둥성, 시안 중심의 내륙 등이다. 5개 권역 중 아직까지 삼성이 진출하지 않은 곳이 두 곳 있다. 바로 둥베이삼성과 시안 내륙이다.

둥베이삼성에는 예전부터 수많은 중소기업들이 진출해 있었다. 삼성은 이곳에 단지가 들어서면 여기서 생산한 제품이 북한으로 수출되는 거점으로 변한다는 판단을 내렸다. 언젠가는 북한, 특히 평양 근교에 삼성전자 복합 단지가 들어가고, 이를 계기로 북한 경제를 살리는 중요한 역할을 해야 한다고 생각한 것이다.

따라서 그 시점에 둥베이삼성 단지를 세우는 건 바람직하지 않다고 봤다. 후일 상황을 봐 가면서 진행하기로 했다. 그래서 지금도 이지역에는 삼성이 없다. 시안 내륙은 지금까지도 제대로 된 상권이 형성돼 있지 않다. 당연히 그때도 계획을 미뤄 놓을 수밖에 없었다.

그렇게 글로벌 복합 단지 플랜을 짜고 건설을 시작했다. 모든 마스터플랜은 전략기획실이 주도해 나갔다. 당시만 해도 복합 단지는 굉장히 신선한 전략이었다. 일례로 일본 산업계는 분산 배치가 정설처럼 굳어져 있던 때다.

이 회장은 산업 단지뿐만 아니라 기술 개발에도 시너지 창출을 강조했다. 1996년 선보인 '명품 플러스원' TV가 대표적이다. 그전까지 생산된 TV는 모두 브라운관의 비율이 4 대 3이었다. 방송 화면에 카메라로 촬영한 화면이 다 나오지 않고 일부 잘린 부분이 있는 것도 바로 이 비율 때문이었다. TV 규격상 1인치가 숨겨져 안 보이는 것이다.

세상에 없는 제품
삼성 '월드 베스트'의 시작

"100% 다 보여 주는 화면을 만들어야지, 왜 4 대 3이라는 규격에 얽매이나. 이것을 바로잡아라." 이건희 회장의 지시가 떨어졌다. 전 세계 누구나 4 대 3을 표준규격으로 당연시하던 때에 생각의 틀을 깬 것이다. 방송국에서 송출할 때의 화면 비율은 12.8 대 9였다. 방송 장비를 전혀 손댈 필요 없이 TV만 바꾸면 숨겨진 1인치를 다시 볼 수 있다는 말이었지만 기술자들은 세계표준규격을 이유로 전부 반대했다.

이 회장은 생각의 틀을 깨고 싶어 했다. 하지만 커진 비율을 맞추려면 삼성전자 혼자서는 불가능했다. 12.8 대 9라는 전혀 새로운 규격에 맞춰 코닝이 새로운 유리를 만들어야 했고 이에 따라 삼성전관 (현 삼성SDI)이 새로운 브라운관을 만드는 건 당연했다. 여기에 모든 관계사가 모여 프로세스를 정하고 비용을 분담해 성과를 창출해야 하는 결코 쉽지 않은 작업이었다.

하지만 기술 복합화를 통해 결국 제품 생산에 성공했다. '명품 플러스원' TV는 이후 삼성의 TV가 세계적인 기술력으로 명품 대접을 받기 시작하는 첫걸음이 됐다. 세계적인 일류 제품보다 20% 싼 데서 출발했던 삼성전자 TV는 이 제품을 통해 96%까지 가격을 따라잡는 데 성공했다.

그러면 이건희 회장이 새로운 규격의 TV 개발을 고집하며 노린 것이 명품TV뿐이었을까? 나는 아니라고 생각한다. 거대한 삼성의 조직이 조직의 벽을 허물고 마음의 벽을 열어 유연하게 융합하고 복합하여 시너지를 창출하는 창조적 조직 문화를 위한 대혁명이라는 깊은 뜻이 숨겨져 있었다고 확신한다. 실제로 그 이후 삼성의 연구·개발 문화는 엄청나게 변화했다.

이 회장의 리더십이 전하는
삼성인의 자긍심

존경받고 위대한 기업이 되는 길은 무엇일까. 답은 간단하다. 세상에 없는 새로운 것을 창조하면 된다. 남의 것을 모방하면 잘했다고 '칭찬'받을 수 있지만 '존경'은 받지 못한다. 기술계에선 이를 '도미넌트(dominant, 우세한, 지배적인) 디자인'이라고 부른다. 예를 들어 흑백 TV에서 컬러 TV로 바뀐 게 도미넌트 디자인이다. 요즘 삼성과 LG가 '3D TV' 전쟁에 나선 것도 언젠가는 3D TV만 살아남는다는 판단 때문이다. 그렇게 되면 3D TV가 도미넌트 디자인이 되는 것이다. 이 회장이 주도해 탄생한 '명품 플러스원' TV의 성공은 삼성전자 기술인들의 마음속에도 깊은 자긍심과 자신감을 안겨 줬다. 바로 '남들이 하지 않는 것을 우리가 할 수 있다'는 믿음이다.

삼성전자는 1996년 '엠페러'(Emperor)라는 전문가용 오디오 시스템을 개발했다. 당시 이 오디오 시스템 가격은 2,000만 원에 달하는 초고가였다. 이 회장은 오디오에도 전문가 수준의 식견을 소유하고 있었다. 그래서인지 TV의 음질도 명품 오디오의 소리를 따라가야 한다고 생각했다. 이 회장은 이를 위해 일본의 럭스(LUX)라는 회사를 인수했다. 명품 오디오 시스템을 만들던 기업이다. 이 회장은 이후에도 한국 최고의 오디오 전문가들을 모아 사업팀을 만드는 등 정성을 기울였다. 오늘날 삼성 TV의 음질이 세계 최고를 유지하는 밑바탕이다.

엠페러 역시 한국에선 누구도 시도하지 않은 세계 최고 품질에 도전해 성공한 사례 중 하나다. 삼성전자뿐만이 아니다. 1991년 제일모직은 세계에서 세 번째로 '1PP' 명품 양복지를 만드는 데 성공했다. 1PP는 수입 원단과 또 다른 차원의 최고급 양복지를 말한다. 어떤 원단보다 감촉이 좋은 극세사 옷감이다. '명품 플러스원' TV나 '엠페러' 오디오 시스템, '1PP' 양복지 등은 모두 세계에서 제일가는 품질의 제품들이다. 바로 '월드 베스트'라는 모델을 만들어 내기 시작한 것이다.

훗날 삼성전관(현 삼성SDI) 사장으로 일할 때의 얘기다. 이 회장은 내게 단 하나의 조건을 걸었다. "컬러 브라운관 생산은 우리가 세계 최대인데 기술은 아직도 소니가 제일이다." 한마디로 소니의 기술을 능가하는 세계 최고의 브라운관을 개발하라는 뜻이었다. 소니는 트리니트론(Trinitron)이라는 독창적 컬러 브라운관을 만들어 세계를 제패했다. 일반 브라운관보다 20~30% 비싸면서도 독보적 위치를 차지한 제품이었다. 이 회장의 이 한마디로 기술 개발에 비상이 걸렸고 18개월 뒤 '다이나플랫'(DynaFlat)이라는 34인치 명품 브라운관이 탄생했다. 리더십이란 이런 것이구나, 다시 한 번 느낄 수 있었다.

Part 5

글로벌 일류로
가는 길

5.1

일본도 삼성도 쓴맛 본
해외 진출 시행착오

《재팬 애즈 넘버원 *Japan as No.1*》이란 베스트셀러가 있었다. 일본의 제조업이 세계를 제패하면서 일본의 품질·생산성·제품 등 일본을 배우자는 메시지를 주는 책이다. 2012년은 일본이 독일과 협력한 지 150주년이었다. 1860년대부터 교류 협력이 시작된 것이다. 그래서인지 일본인들이 제일 좋아하는 서구의 나라가 독일이고, 독일도 아시아 중에서 제일 좋아하는 나라가 일본이다. 두 나라는 공통점이 많기 때문이다.

독일도 일본처럼 중소기업이 강한 나라다. 독특한 장인 기술로 세계적 수준에 올라 국가경쟁력 기반을 마련했다. 자기 직업을 천직으로 아는 국민 정서도 비슷하다.

이러다 보니 양국 모두 테크니션(기능인)을 중시하는 문화가 자리 잡았다. 한국은 대학을 나온 엔지니어와 테크니션의 사회적 인식 차가 크다. 자연히 급여 차이도 크다. 하지만 일본과 독일은 차이가 없다. 두 나라가 모두 기능인들을 굉장히 소중한 사회적 자본으로 인정하기 때문이다. 일례로 독일은 초등학교 5년 과정이 끝나면 직업인 교육을 받을 것인지, 대학에 갈 것인지가 이미 나누어진다. 직업인에 대한 존중이 있기 때문에 가능한 일이다. 천직을 자랑스럽게 생각하고 존중하는 문화가 잡혀 있으니 기술력 강한 중소기업과 중견기업이 나라를 버티게 하는 산업구조를 이루게 된 것이다. 일본은 이런 독일을 많이 배웠고 실제 국민성도 잘 맞는 측면이 있다.

일본과 독일의 끈끈한 우정

일본이 독일에 그랬던 것처럼 우리도 일본으로부터 배워야 할 게 참 많다는 생각이 든다. 일본은 2차 세계대전에서 패망한 후 미 군정 아래 있다가 6·25전쟁에 필요한 전쟁 물자 기지로 급격히 재편됐다. 군수물자를 싸고 좋고 빠르게 공급해야 하는 기지가 일본이었던 것이다. 이를 위해 미국은 처음부터 일본을 체계적으로 가르쳤다.

에드워드 데밍 박사의 품질관리(QC)가 대표적인데, 훗날 일본의 전사적 품질관리(TQC, Total Quality Control)로 발전했다. 미국식은 제조·생산에 치우친 방식이었는데, 일본인들은 제조만 잘해서 되는 게 아니라고 판단했다. 사람을 뽑고 교육하고 부품을 사고 시스템을 만드는 모든 활동이 품질관리라고 생각했다. 즉 '전사적 품질관리'를 체계화한 것이다.

생산관리에 있어서도 미군은 IE(Industrial Engineering, 산업공학) 등 합리적 생산방식을 가르쳤다. 이를 다루기 위한 중간 관리자 육성 프로그램도 있었는데, 이를 받아들여 체계적으로 교육했다. 여기에 자체적으로 새로운 과정을 만들기도 했는데, 나중에 한국도 이를 도입했다. 세계 최강의 제조 경쟁력을 갖추어 미국이 이길 수 없게 된 나라, 미국 본토에 산업 공동화를 일으킬 정도로 성공한 나라, 일본. 이런 현상을 보고 쓴 책이 《재팬 애즈 넘버원》이었다.

그즈음 또 한 권의 책 나왔다. 제목은 《재팬 인 유에스에이 Japan in USA》였다. 이 책은 미국 본토에 진출한 일본 기업들이 어떻게 성공하고 실패했는지 분석한 내용이다. 일본은 제조업의 힘을 이용해 미국, 즉 현지 진출을 많이 시도했다. 그런데 실제로 미국 땅에서 성공한 기업을 찾는 건 어려웠다. 강력한 제조업 기반을 가지고 있는 일본이 왜 미국에선 실패했는가. 이를 조사 분석한 책이 《재팬 인 유에스에이》다.

책의 결론부터 말하면, 일본 기업이 실패한 이유는 '경영 방침'에 철저하지 못했기 때문이다. 일본 기업은 하나의 단일 문화 공동체다. 그 속에서 하나의 경영 방침과 철학을 가지고 일사불란하게 움직인다. 하지만 미국은 다양한 인종과 문화를 가진 사람들의 집합체다.

이들을 고용해 경영하려다 보니 일본에서처럼 철저한 경영 방침을 가르치고 유지하지 못했다는 게 책의 설명이다.

처음 미국에 간 일본인들은 '별 차이가 없을 것'이라고 생각했다. 일본에서처럼 열심히만 일하면 될 줄 알았던 것이다. 현지인을 채용하고 계약서를 체결할 때 일본식으로 '성실하고 근면하게 회사를 위해 최선을 다해 일한다'는 개념을 도입한 것부터가 잘못이었다.

실제로 계약서대로 최선을 다해 성실히 일하는 사원은 거의 없었다. 그들에게 "왜 계약을 지키지 않느냐"고 물으면 "이게 우리의 가장 성실한 모습이다"라는 답이 돌아왔다. 혼란에 빠진 경영진이 현지 컨설턴트를 불러 물으니 "미국을 잘 몰라서 그런 것이다. 미국이란 사회는 원래 다양한 인종으로 구성되고 생각이 다 다르기 때문에 계약 시 최선·성실 같은 단어로는 안 된다. 구체적으로 어떻게 일을 할 것인지 업무 분장을 체계적으로 명문화해야 한다. 그렇게 계약서를 다시 써라"라는 조언이 나왔다.

경영진은 컨설턴트의 말을 그대로 따랐다. 예를 들어 '아침에 30분 청소한다' '기계를 청결히 사용하면서 하루에 몇 개 이상 생산한다' 등 구체적인 업무 분장표를 만들었다. 그런데 제대로 일하지 않고 문제를 일으키는 건 여전했다. 다시 새로운 컨설턴트를 불러 그간의 과정을 얘기해 주며 물었다. 그러자 "미국인들은 어떤 내용을 한다는 것만 있으면 안 되고, 어떻게 하면 처벌하고 상을 주는지 알려 줘야 한다. 즉 지킬 약속, 그것을 지키지 않았을 때의 처벌이 없는 계약은 아무 소용이 없다. 처벌 조항을 넣어라"라는 말이 돌아왔다.

신상필벌 조항을 넣자 그제야 조직이 제대로 돌아가기 시작했다. 이런 차이는 어디서 발생한 것일까. 물론 일본인 경영진이 미국의 문화를 이해하지 못한 측면도 있다. 하지만 더 중요한 건 일본 기업 자체가 가지고 있는 경영 방침을 미국에서도 철저하게 지키겠다는 생각을 가지지 않았던 데서 문제가 출발한다. 이런 생각이 확고했다면 처음부터 그런 시스템을 갖췄을 것이다. 그런데 미국인의 처지에 맞추려다 보니 시행착오를 거듭했던 것이다.

현지화한 '삼성 체제'
해외 진출 성공의 열쇠

일본인은 처벌 없이도 최고의 품질을 위해 노력한다. 미국에 와서도 무조건 미국인들에게 맞추는 게 아니라 미국 문화를 활용한 최고의 경영 방침을 세우고 이를 철저하게 지킨다는 노력과 의지가 있었다면 성공한 일본 기업이 더 많이 나오지 않았을까. 일본 사례와 비슷하게 삼성도 미국 진출 초기에 시행착오를 겪었다.

처음 미국에 판매 법인을 설립한 삼성은 현지의 기업인 중 훌륭한 사람을 골라 CEO로 영입했다. 초기 얼마간은 고도성장을 이룩하면서 성공하는 듯 보였다. 하지만 시간이 지나고 보니 많은 부실채권을 남기며 큰 손실을 봤다. 한마디로 실패였다.

그 CEO는 정식으로 채용되기 전 자신의 요구 조건을 장문의 텔레타이프로 전해 왔다. 너무 많아 다 기억하지도 못하지만 신용카드는 몇 장을 달라, 골프 회원권은 어디 것, 스포츠센터와 자동차는 어떤 것 등 급여 외에 품위 유지와 생활에 필요한 자질구레한 것들을 매우 구체적으로 요구한 내용이었다. 그때 우리는 '미국인은 뭐든지 확실하구나. 우리도 이런 걸 배워야 한다'며 그의 조건을 모두 들어줬다.

하지만 그는 부실 영업으로 막대한 손해를 끼쳤다. 그런데 그가 나중에 하는 말이 "삼성이 원하는 대로 했는데 뭐가 문제냐"는 것이었다. 삼성 측에서 "우리는 신생 업체이니 미국 내 시장점유율을 빠르게 올리고 매출만 올려 주면 된다"고 얘기했다는 것이다. "그 정도의 높은 성장률을 달성하려면 부실을 감안해야 하는데, 매출을 올리기 위해 총력을 기울여 달라고 하니 판매 조건을 완화하는 등 고도성장을 달성했다. 뭐가 문제냐?" 오히려 그가 우리에게 되물었다.

우리의 경영 방침은 최선을 다해 성장하면서도 부실이 없도록 하는 것이었다. 하지만 우리는 미국인 CEO에게 이런 경영 방침이 아닌 매출 성장만 강조했다. 그러니 실패를 겪은 게 당연했다.

그 뒤 1985년에 반도체 영업을 시작하면서는 이때의 경험을 살려 철저하게 삼성의 경영 방침과 구체화된 목표를 제시했다. 조직 운영은 현지인에게, 즉 고용은 현지화했지만 삼성의 경영 방침이 철저하게 적용되도록 체제를 만드는 데 성공했다.

5.2

신경영 철학과
월드 베스트 전략

1994년 들어 이건희 회장은 삼성그룹 내 모니터 사업의 통합을 지시했다. 당시 내가 삼성전자 기획실로 온 지 얼마 안 됐을 때다. 역시 기본 개념은 복합화였다. 계열사 간 중복되고 불필요한 경쟁 구도를 없애 통합하는 작업이었다. 모니터 사업의 통합은 그룹 내에서도 가장 큰 규모의 통합 작업이었다.

삼성에서 모니터 사업을 가장 먼저 시작한 곳은 삼성전관(현 삼성 SDI)이다. 삼성전자는 그 이후였다. 모니터용 브라운관을 개발 생산하고 있던 삼성전관은 모니터 사업에 대한 이해가 뛰어났고 이미 세계 수준의 개발팀과 생산팀이 조직돼 있었다.

삼성전자는 후발 주자로 뛰어들었지만 자신들이 세트 기업이니 우리가 하는 것이 맞다며 모니터 사업에 뛰어들었다. 이전부터 사업을 진행해 온 삼성전관의 경쟁력이 훨씬 뛰어난 건 당연했지만 시간이 지나다 보니 삼성전자의 모니터 사업도 궤도에 오르면서 양 사가 시장에서 부딪치는 수준에 이르고 말았다. 모니터 사업부 통합에 나서게 된 배경이다.

통합은 물리적으로만 이뤄지지 않는다. 부분 최적화라는 조직의 벽을 깨고 열린 마음으로 전체 최적화를 향해 마음을 모으는 변화관리가 더 중요하다. 당시는 이미 이 회장의 신경영을 통해 모든 조직원들이 변화를 수용하도록 교육이 돼 있었다. 이런 베이스가 있었기에 통합 작업이 가능했다고 본다. 68일간 이어진 선진 일류 산업 현장 시찰이 없었다면 '도토리 키 재기' 식으로 각자 잘한다고 얘기했을 게 뻔하다. 회사 임원진과 직원들 사이에서도 '최고의 모니터를 만드는 게 의미 있는 것 아니겠느냐'는 공감대가 생겼다. 삼성이 월드 베스트 상품을 내놓기 시작한 또 하나의 배경이다.

세계 최고의
모니터를 만들라

세계 일류 모니터는 도대체 어떤 제품일까. 이를 위해 소니의 모니터 라인에 견학을 간 적이 있다. 전원이 들어가자 화면에 똑같은 패턴의 영상들이 뜨며 지나갔다. 그런데 어떤 모니터나 영상의 질이 똑같았다. 화면의 밝기만 봐선 늘어서 있는 모니터들이 마치 하나의 제품 같았다. 그때만 해도 삼성의 모니터는 어떤 것은 밝고 흐리고 해서 한 대도 같은 게 없을 정도로 품질이 균일하지 못했다. 품질 검사 수준으로는 합격이지만 모든 제품이 균일한 퀄리티를 확보하지 못한 수준이었다.

소니는 처음 설계 때부터 모든 과정을 균일하게 맞췄기 때문에 마지막 완성품에 이르기까지 균일한 품질의 제품을 생산할 수 있었다. '품질관리란 바로 저런 것이다!' 현장을 둘러본 나는 큰 충격과 함께 머릿속에 소니를 뛰어넘어야 한다는 생각이 확고하게 자리 잡았다. 당시 우리는 품질은 물론 마케팅 등도 서로 잘났다고 싸우기에만 바빴다. 그 뒤 식스시그마를 도입하며 개선의 실마리를 잡았다. '100만 개 중에 3.4개 불량' 수준의 식스시그마. 삼성전관 사장으로 가며 첫 해에 시작한 게 프로세스 혁신과 식스시그마였다.

이 회장이 VTR 부품을 만드는 일본의 일류 공장을 직접 찾은 적이 있다. 공장에는 부품의 길이를 측정하는 미크론 단위의 자동 측정 기계가 있었다. 0~100미크론까지 눈금이 있었는데 한국에선 항상 90~95미크론 사이에 있는 게 일반적이었다. 그런데 일본은 10미크론 사이에서 바늘이 왔다 갔다 하는 게 아닌가. 규격이 100인데, 왜 굳이 10에서 왔다 갔다 하는지 물었다.

"이렇게 엄격하게 유지해도 어쩌다 보면 넘어가는 경우가 있다. 이게 바로 불량이다. 불량품은 어쩌다 하나가 나올지 모르지만 이를 받아든 소비자는 모든 제품이 불량이라고 생각한다. 100이 규격이라고 하더라도 10분의 1, 20분의 1에 도전하면 그런 불량이 나오지 않을 것 아닌가."

그러고 보니 한국은 항상 한계치에 맞춰 놓고 있었다. 자연히 불량이 많이 나올 수밖에 없었다. 일본은 작업 보증을 통해 스피드·품질·원가를 모두 절감했다. 이를 보고 이 회장은 일본에서 전화를 걸어 한국에 있던 관계 임원, 사장단을 모두 불러냈다. 그 덕분에 나도 따라가 공장을 보게 된 것이다. 규격의 한계에만 맞으면 된다는 안이한 생각과 100만 개 중에 1개도 벗어나선 안 된다는 극한의 생각과는 결과에 엄청난 차이가 존재했다.

세계적 휴대전화 제조사인 노키아의 한국 공장이 마산에 있었다. 세계의 여러 공장 중 이곳은 최고의 품질, 생산성, 원가 경쟁력을 자랑하는 공장이었다. 그곳에도 직접 찾아가 현장을 보고 놀랐던 기억이 있다. 예를 들어 삼성전자에서 2,000명이 일하고 있으면 여기에선 500명이 같은 일을 하고 있었다. 도대체 어떻게 이런 일이 가능했을까. 해답은 기계·전자 기기 등의 하위 부품이나 조립을 뜻하는 서브어셈블리(subassembly)에 있었다.

서브어셈블리는 제품 생산에 필요한 부품을 예비 단계에서 미리 조립해 납품받는 방식이다. 노키아 한국 공장은 이를 위해 작은 외주 업체들을 발굴했다. 이들이 저마다 가져온 부품을 맨 마지막에 조립만 하는 것이다. "그렇게 하면 품질이 균일하지 않은 어려움이 생기지 않느냐"고 물었다. 당연했다. 이곳에선 이를 막기 위해 품질을 생명처럼 여기고 이상이 발견되면 즉각 퇴출시키는 등 아주 엄격

한 시스템을 갖추고 있었다. 최종 조립 라인에 서 있는 사람들이 편한 마음으로 조립해도 불량이 나지 않을 정도로 서브어셈블리의 수준이 높았다.

설비도 계획 보전이 돼 있었다. 고장이 나기 전에 미리미리 관리하고 수리하는 것을 뜻한다. 모든 기계의 치수를 끊임없이 보정해 맞춰 놓는 식이다. 완전한 품질의 부품을 완전한 설비 하에서 조립하니 최고의 세트가 완성됐다.

디자인은 기업 이미지와 전략의 복합체

소니나 노키아의 생산 라인을 멀찍이 떨어져서 보면 여직원들이 굉장히 쉽고 느슨하게 일하는 것처럼 보인다. 그런데도 불량이 없었다. 삼성의 생산 라인을 보면 모두가 초긴장된 상태에서 생산하고 조정하느라 애를 쓰곤 했다. 그런데도 불량이 많았다. 처음부터 올바르게 한다는 게 이렇게 중요하다. 여기에 '규격에 맞춘다'는 수준을 뛰어넘어 '한 치라도 어긋나선 안 된다'는 엄격함을 스스로 갖춰야 노키아코리아나 소니를 따라잡을 수 있겠다는 결론을 내렸다.

브라운관의 성공 이후로도 삼성은 월드 베스트 상품을 몇 개 더 만들겠다는 목표를 계속 세워갔다. '양에서 질'이라는 신경영의 철학적 목표가 구체화된 것이 월드 베스트 상품이다. 쉽게 말해 최고를 만들고 제값을 받자는 뜻이다.

디자인 부문의 고문을 맡았던 H 고문이 있었다. 1992년 삼성이 도쿄에 디자인 분소를 설립하면서 모셔 온 분이다. 이분이 낸 보고서 하나가 지금도 인상 깊게 남아 있다.

"삼성전자에는 상품 기획 전략이 없다. 디자인은 상품 전략을 구현하는 것인데, 전략이 없으니 디자인하는 사람이 따라갈 수가 없다. 또 관계된 사람마다 서로 다른 이야기를 하니 어떻게 바람직한 모습의 디자인이 나오겠는가. 디자인이란 것은 그 회사의 이미지와 전략이 종합적으로 표현되는 복합체와 같은 것이다. 삼성은 디자인을 하나의 단순한 기능으로만 본다. 중구난방하다 보니 사기도 떨어진다. 이래선 삼성의 미래도 어둡다."

이건희 회장은 H 고문의 보고서를 '디자인 일류화'를 위한 가장 중요한 의견으로 받아들였다. 디자인에서도 일류, 품질도 일류, 점유율도 일류…. 그 결과로 나와야 할 것이 바로 월드 베스트 상품이었다. 반도체를 비롯해 디스플레이가 맨 앞에 서 있었다. 삼성의 오늘을 만든 여러 요인 중 눈에 가장 잘 띄는 것이 '월드 베스트' 시리즈다.

세계 최고가 되겠다는 목표를 세우고 이를 달성하기 위해 밤낮없이 노력했다. 연구·개발, 디자인, 마케팅 그 어느 하나 가릴 것 없이 모두 뛰어들어 만들어 낸 결과물이 월드 베스트 상품이다. 이후 삼성은 거의 모든 전자 부문에서 세계 1등이 됐다.

이병철 회장의 앞서 간 '융합', 1등 TV 만들다

삼성전자는 1998년 'VIP센터'를 세웠다.
VIP는 밸류 이노베이션 프로젝트(Value Innovation Project)의 영문 첫 글자에서 따왔다. 가치 혁신 프로젝트쯤으로 번역할 수 있다. VIP센터의 설립에는 프랑스의 세계적 경영대학원인 인시아드 비즈니스스쿨 김위찬 교수의 역할이 컸다. 김 교수는 현재 인시아드 경영대학원 석좌교수다.

김 교수는 그 유명한 '블루오션 전략'을 제창하고 책으로 펴낸 세계적 석학이다. 김 교수는 1996년에 고국을 방문해 강연회를 열었다. 그때 제시한 이론 중 하나가 '밸류 이노베이션'(VI)이다. 요약하면 모든 상품을 고객의 관점, 고객이 인식하는 가치 요소로 분석한 후 어떤 가치에 초점을 맞춰 상품을 개발하고 마케팅할 것인지를 정해야 한다는 개념이다.

호텔을 예로 들자면, 고객이 원하는 가치는 '조용하고, 값이 싸고, 음식이 맛있고, 잠자리가 포근하다'와 같은 여러 요소가 있을 것이다. 그중 경쟁사들이 고객의 어떤 가치를 중요시하는지 분석해 보면 그 속에서 자신만의 체계적인 가치 기준을 만들 수 있다는 이론이다. 이를 바탕으로 만들어진 것이 VIP센터였다.

이후부터 삼성전자는 제품을 개발할 때 VIP팀 전체가 참여해 VI 전략을 집중적으로 수립하고 진행했다. 그룹에서는 이들이 원하는 모든 장소와 컨설팅을 제공했다. 팀원은 각계의 전문가들로 이뤄졌다. 원가를 혁신하는 밸류 엔지니어링(VE) 전문가도 있었고 트리즈·품질·식스시그마·VI 등 다양한 분야의 전문가들을 한자리에 모아 놓았다. 이들의 도움으로 신제품 프로젝트팀이 결사대처럼 움직였다. VIP센터는 그때부터 '삼성전자 이익의 절반을 창출한다'는 평가를 받았다.

혁신에는 소통이 필요
부산과 수원 공장의 차이

김 교수의 영향은 여기서 끝나지 않았다. '페어 프로세스'(Fair Process) 역시 그의 지도하에 진행된 대표적인 혁신 작업이다.

페어 프로세스는 말 그대로 프로세스 자체가 공정(페어)하다는 뜻이다. 즉 의사소통의 공정함을 말한다. 페어 프로세스에 관한 좋은 예가 하나 있다. 한 전자 회사가 있었다. 이 회사는 부산에 공장이 하나 있고 수원에도 하나가 있었다. 양쪽 공장 모두 노조가 있는데 수원 공장의 노조는 아주 온건한 편이다. 이들은 회사 정책에도 우호적으로 협력하려는 경향이 강했다. 반대로 부산 사업장은 강성 노조로 유명했다. 사측에서 뭘 하려면 항상 반대와 트집이 이어진다. 회사 측에선 자연스럽게 '부산은 골머리, 수원은 좋은 곳'이라고 인식했다.

그러던 어느 날 '셀 방식'이라는 새로운 공장 관리 방식을 도입하기로 결정했다. 컨베이어에서 각자 분업으로 일하는 기존 방식을 혁신하자는 얘기나. 컨베이어 방식은 단순한 일을 반복하기 때문에 피곤함을 빨리 느끼고 자존감도 떨어지는 등 불만이 많았다. 또 열심히 일해도 다른 사람 때문에 성과를 인정받지 못하는 구조적 불합리함도 있었다.

반면 셀 방식은 소수의 인원이 활동하며 생산성을 높이는 기법이다. 경영진은 새로운 방식에 대해 부산 사람들이 또 반대할 것이라고 예상했다. 그래서 부산 공장 직원들에게는 사전에 의견을 묻고 설명회나 토론회를 거쳐 잘 설득하기로 결정했다.

반면 수원 공장은 바로 준비해 시작해도 된다고 판단했다. 이후 수원 공장에는 어느 날부터인가 까만 양복에 넥타이를 맨 사람들이 무언가를 측정하고 돌아다니는 모습이 자주 목격됐다. 셀 방식 도입을 준비하려는 컨설팅 업체의 직원들이었다. 못 보던 사람들이 회사 안을 돌아다니자 직원들 사이에선 구조조정이나 어려운 작업 명령이 내려질 것이라는 등의 흉흉한 소문들이 돌기 시작했다. 급기야 '수원 공장에만 불이익을 주려고 한다'는 소문까지 돌았다. 지금까지 어디보다 평화롭던 사업장에는 급기야 '결사 반대' 현수막이 붙기 시작했고, 곧 노사분규로까지 이어졌다. 원인은 단 하나, 커뮤니케이션의 부재였다.

수원과 달리 부산은 처음부터 설명과 토론, 의견을 듣고 반영하는 과정을 거쳤다. 그러자 경영진의 우려와 반대로 모든 일이 원활하게 진행되는 게 아닌가. 반대로 수원 공장은 그때부터 새로운 혁신 방법을 도입하기까지 몇 년 동안 고생해야 했다.

이것이 바로 페어 프로세스의 차이다. 기업 조직은 어떠한 경우에도 이런 과정을 소홀히 해선 안 된다. 삼성전자도 이와 같은 커뮤니케이션 채널·조직을 만드는 데 굉장한 노력을 기울였다.

삼성전관 최고경영자가 되다

1970년대 말에 열린 품질대상 시상식이 생각난다. 심사위원인 아주대 교수 한 분이 "금성은 20년 이상 됐고 삼성은 10년 된 기업이다. 공장을 죽 돌아보니 삼성공장 벽에는 '세계 일류가 되자'는 말이 붙어 있더라. 반면 금성은 한국 1등이란 소리도 없었다. 목표도 단계가 있는 것이다. 우선 한국 1등부터 해야 하지 않겠느냐"고 얘기했다.

십수 년이 지나 1990년대 중반에 그분을 다시 만났다. 나를 보자마자 이런 말을 들려줬다.

"내가 그때 말을 잘못했다. 안식년이 돼서 미국에서 1년간 공부했다. 그때 배운 것 중 하나가 '목표를 써 놓고 항상 외우는 게 얼마나 중요한가'라는 것이다. 비주얼라이제이션, 즉 목표의 가시화다. 목표를 세워 놓고 끊임없이 되뇌면 반드시 이뤄진다고 한다. 그때 생각난 게 삼성전자였다. 형편없는 공장에서 세계 1등을 외쳤던 삼성전자는 지금 실제로 세계 1등이 되었다."

1995년 12월, 삼성전관(현 삼성SDI) 대표이사로 발령이 났다. 1975년 삼성전자에 입사한 이후 20여 년 만에 비로소 한 기업의 최고경영자가 된 것이다. 삼성전관은 삼성전자가 실립된 이듬해인 1970년에 만들어진 삼성전자 계열사 중 가장 오래된 회사 중 하나다.

이병철 회장의 꿈은 전 세계 TV 산업에서 1등에 오르는 것이었다. TV는 그때부터 지금까지 '전자 산업의 꽃'으로 불린다. TV에서 1등을 하면 세계 전자 산업에서 1등을 하는 것과 마찬가지였다. 1등이 되기 위해선 1등 기업을 직접 보고 배워야 한다.

삼성전자는 설립 초기, 산요의 전신인 도쿄산요와 제휴 관계를 돈독히 맺었다. 당시에는 마쓰시타가 일본 최고의 기업이었는데, 마쓰시타는 이미 아남과 제휴를 맺고 있었다. 도시바는 대한전선, 히타치도 금성사와 제휴를 맺었다. 삼성으로선 제휴를 맺고 선진 기술을 도입할 수 있는 곳이 산요밖에 없었던 셈이다.

전자 산업을 시찰하기 위해 도쿄산요 공장을 둘러본 적이 있는데,

비행장 격납고를 공장으로 개조해 부지 면적이 132만 2,000~165만 2,500평방미터(약 40만~50만 평)에 달했다. 모든 작업과 공정이 그 안에서 이뤄지는 복합 센터 같은 대단지였다. 당시 일본의 기업들은 대부분 작은 공장을 전국에 산재한 형태로 운영했다. 도쿄산요만 그렇게 대단지를 꾸며 놓고 있었다.

이병철 회장은 "산요보다 더 크게 만들자"는 결정을 내렸고 이렇게 해서 수원 단지가 만들어지게 됐다. 앞서 설명한 대로 삼성전자 단지 부지는 165만 2,500평방미터(50만 평) 규모다. 삼성전기·삼성코닝·삼성전관이 빙 둘러 있는 대단지다. 오늘날 융·복합을 강조하는데, 이 회장은 이미 그때 '지리적으로 가까워야 융·복합이 자연히 이뤄진다'는 개념을 그리고 있었다. 이 회장은 이를 "얼굴을 마주 보고 힘을 합쳐야 한다"는 말로 표현하곤 했다.

당시 대한민국의 어느 누구도 이런 대단지를 생각한 사람이 없었다. 1등 TV가 목표였던 이 회장은 TV의 가장 중요한 부품인 브라운관 공장을 세우기 위해 진공관으로 유명했던 일본의 NEC와 합작해 '삼성NEC'를 출범시켰다.

브라운관을 잘 만들기 위한 부품으로 유리의 중요성이 부각돼 미국의 코닝과 합작한 '삼성코닝'도 설립됐다. 이후 1973년에 삼성전기가 세워지면서 튜너·콘덴서·변압기 등의 TV 주요 부품과 유리·브라운관을 거쳐 세트까지 완성되는 수직 계열화가 비로소 이뤄졌다. 'TV 1등'이라는 당시의 목표는 지금 현실이 됐다.

'앞서 본 위기는 기회'
삼성SDI의 혁신

초창기 브라운관 사업은 역시 TV가 주종을 이뤘다. TV 시장은 성장률은 낮은 편이지만 반대로 매우 안정적인 시장이다. 완성 세트나 부품 업체 모두 묵시적인 균형을 이룬 상태로, 과당 경쟁도 없어 이익을 안정적으로 확보할 수 있었다. 구조적으로도 브라운관은 항상 공급 부족 상태였다. 삼성전관(현 삼성SDI) 역시 한 해도 적자를 내지 않으며 삼성그룹 내에서도 최고의 회사로 인정받았다.

TV는 컨베이어벨트와 조립용 툴만 있으면 조립 공장을 갖출 수 있다. 반면 브라운관은 부품 자체가 굉장히 무겁고 고정밀도를 요구하는 장치산업이다. 아무나 쉽게 투자할 수 있는 산업 분야가 아니다. 그러다 보니 항상 공급이 부족했고 웬만한 품질 수준만 확보되면 가격도 부르는 게 값인 상황이었다.

1990년대에 들어서자 모니터 시장은 급속히 팽창하기 시작했다. PC의 등장 덕분이다. PC용 모니터는 TV보다 더 높은 기술을 요구하는 고정세(高精細, 정밀·세밀) 제품으로 가격도 3배 가까이 비쌌다. 그러나 시장은 엄청 빠르게 성장하다 어느 해는 확 고꾸라지는 등 PC 산업의 궤적에 따라 변동이 심했다. 오늘날의 반도체 산업과 비슷하다고 보면 된다.

안정적이었던 TV 시장에 비해 PC용 모니터는 널뛰기 장세로 부를 만큼 변동성이 컸다. 그럼에도 불구하고 고도성장할 것이라는 시장 전망은 너도나도 브라운관 제조에 뛰어들게 만들며 과당경쟁을 유발했다. 모니터용 브라운관 설비 투자 경쟁이 일어나기 시작한 것이다. 내가 삼성전관 사장으로 부임한 1995년에는 이미 극한 상황에 들어서 있었다. 1995년 말이 되니 시장이 얼어붙고, 공급과잉 현상 등 악재가 겹치기 시작했다. 가격도 급락해 거의 절반 수준으로, 어떤 제품은 3분의 1까지 떨어지는 등 엄청난 소용돌이에 빠져들고 말았다.

90년대 중반
브라운관 시장 악화

삼성전관은 해마다 상여금도 많이 주는 튼튼하고 안정적인 회사였다. 그래서인지 이러한 시장의 격변에도 불구하고 아무리 '위기'

라고 말해도 마음속으로 받아들이지 못했다. 나는 1993년에 삼성 비서실에서 신경영을 시작한 이후 1994년에는 프로세스 혁신(PI)을 추진하고 전사적 자원관리(ERP) 시스템을 도입했던 경험이 있었다.

그와 똑같은 혁신 작업을 삼성전관 사장으로 와서도 추진하기로 마음먹었다. 삼성전관 내부에서도 1995년 하반기부터 팀을 만들어 준비는 하고 있었다. 하지만 막상 가서 실제로 보니 그 정도 준비로는 턱도 없었다. '이런 수준으로 가격이 떨어지면 감당할 수 없다. 위기의식을 가지고 생명을 건 돌파를 하지 않으면 살아남을 수 없다'는 위기의식을 심어 줘야 했다.

모든 조직원들이 위기를 제대로 느끼게 하려면 실질적인 것을 보여 줘야 한다. 이를 위해 현재 브라운관·모니터 산업이 당면한 현실을 그림과 도표로 그리도록 했다. 그리고 이것을 사면초가라고 부르며 사업장을 돌기 시작했다.

당시 위기의 징후를 돌아보면 첫째, 모니터용 브라운관에 너무 많은 투자가 몰려 있었다. 그러다 수요가 줄어들고 경쟁사는 계속 늘어나 공급이 넘쳐날 것이 빤했다. "가격이 계속 떨어질 텐데 그 끝을 모른다. 겨우 몇 %의 이익으론 버티지 못한다"며 위기를 직시하게 했다.

둘째, 그 와중에도 일본의 경쟁사들은 고부가가치 제품을 만들어 냈다. 우리가 14인치 모니터를 만들면 17, 19인치 제품을 만드는 식이다. 정밀도 경쟁에서 더 수준 높은 제품을 만들어 하이엔드 마켓에 내놓았기 때문에 그들의 시장은 경쟁이 없는 블루오션이 될 수밖에 없었다. 고정세·대형화 기술로 블루오션에서 이익을 확보하는 것이다.

또 중화영관(中華映管) 같은 대만 기업은 가격 경쟁력이 매우 뛰어 났다. 대만은 원래 중소기업들이 강하고 모든 사회 인프라가 저가 구조인 것이 특징이다. 한국에 비해 오버헤드(간접비용)가 절반에 가까울 정도였다. 기술 수준이 비슷하면 가격 경쟁이 안 되고 일본은 고부가가치 제품으로 공략하는, 그야말로 사면초가였다.

그뿐만이 아니었다. 액정표시장치(LCD) 가격도 급격히 떨어지기 시작했다. 당시만 해도 LCD는 '가격이 너무 비싸 아무나 쓰는 디스플레이가 아니다'라는 인상이 강했다. 하지만 원가절감에 들어가면서 시장이 확대될 것이고 언젠가는 브라운관과 LCD가 격전해 시장을 빼앗길 것이라는 예상이 나왔다. 하지만 위기의식은 턱없이 부족했다.

위기를 극복해야 생존할 수 있다

이런 상황을 그림으로 그려 사면초가로 표현한 것이다. 내부에 있는 사람들은 흑자를 내고 안전하다는 인식 때문에 위기의식을 갖기 힘들다. 무작정 '위기다, 어렵다'라고 얘기하면 무너지기 십상이다. 직원들에게 절박한 심정으로 몇 가지를 제안했다. 이를 통해서만 생존과 가능성을 찾을 수 있다고 판단했기 때문이다.

첫째가 PI(Process Innovation), 즉 프로세스 혁신이다. 당시 이미 미국은 업무의 95%를 정보시스템으로 자동화하고 5%만 사람이 직접 했다. 하지만 한국 제일이라던 삼성전자마저도 5%만 자동화였고 나머지는 사람이 했다. 미국과는 정반대였다. 이렇게 해서는 인건비 등 비용이 너무 많이 들었다. 프로세스 혁신이 이뤄지면 적어도 300%의 생산성 향상을 통해 비용을 엄청나게 줄일 수 있었다. 직원들에게는 "생산성을 300% 향상하고 나머지 인원은 새로운 부가가치에 나서자"고 설득했다.

두 번째는 '일본을 잡고 블루오션으로 올라가 보자'는 목표였다. 그러기 위해서는 연구소·개발 파트 할 것 없이 똘똘 뭉쳐 하나의 팀이 돼 목숨을 걸고 도전해야 했다. 이차피 대만은 기술을 못 따라온다고 보고 일본 수준만 오르면 된다고 결론 내렸다. 이를 위해 '17·19인치 모니터 특공대팀'을 만들었다.

당시 삼성전관에는 골칫거리가 하나 있었다. 전화기·게임기·시계 등에 쓰이는 소형 디스플레이 사업부로 이를 STN LCD(수동형)라고 불렀다. 브라운관을 대체할 평판 디스플레이를 위해 10년째 사업을 이어가고 있었지만 돈을 벌기는커녕 해마다 500억 원의 적자를 내는 애물단지였다. 현재 삼성전자에서 생산하는 액정 디스플레이는 AM LCD(능동형)라고 부른다. 원래는 삼성전관에서 STN과 AM을 모두 생산했다. 그런데 AM의 특성이 반도체와 가까운 기술이었기 때문에 사업 조정 차원에서 전자로 이관됐다. 돌이켜 생각해 보면 삼성전관이 고생한 배경이기도 하다.

또 다른 소형 디스플레이로 형광표시관(VFD)이라는 것이 있다. 자동차나 오디오용으로 많이 쓰이는 초록색 디스플레이다. VFD는 세계적으로도 생산하는 회사가 몇 개 없다. 삼성전관에서는 STN과 VFD를 평판 디스플레이의 주력으로 삼고 키우고 있었지만 모두 자리를 잡지 못해 적자를 면치 못하는 상황이었다.

1년 내에 두 개를 흑자로 돌리자고 마음먹었다. 앞으로 소형 디스플레이의 시대가 오리란 걸 확신했기 때문이다. 두 사업을 끌어올려 보완하고 식스시그마를 도입해 불량률을 줄이면 충분히 가능성이 있는 사업 분야가 바로 소형 디스플레이였다.

일본은 불량률이 몇 퍼센트인지 하는 개념으로 품질관리를 했다. 하지만 미국은 이 퍼센트의 개념을 잘 이해하지 못한다. 일본은 현장 출신이 많아 불량률을 이야기하면 바로 인식하지만 미국은 '이익에 몇 %의 영향을 끼치는가' 하는 식으로 '돈'으로 돌려 얘기하면 관심을 갖는다. 그래서 품질 코스트 개념이 나온 것이다. 예를 들어 품질 코스트 30%의 반만 줄이면 15%의 이익이 더 난다는 식이다.

삼성전관의 품질 코스트는 30%는커녕 40~50% 정도만 해결해도 엄청난 이익 개선으로 이어질 수 있었다. 우선 PI를 통해 생산성과 품질을 잡아서 올려야 했다. 그런 다음 고부가가치 제품을 생산해 이익을 내고 무엇보다 평판 부문의 적자를 면해야 살아남을 수 있다는 결론을 내렸다. "삼성전관이 망하더라도 브라운관 기업 중에선 제일 마지막에 망해야 한다"는 절박함이었다.

혁신 성공과
'대만대첩'의 승리

1996년 당시 이미 삼성SDI의 모니터 수출량은 전 세계 최고였다. 삼성 안에서 ISO-9000 인증을 제일 먼저 받은 곳도 삼성SDI였다. 하지만 실제로 가 보니 룰과 프로세스, 표준규격을 지키지 않고 있다는 게 가장 큰 문제였다. "정말 제대로 해보자. 사느냐 죽느냐는 룰을 지키는 데 있다"며 설득에 들어갔다. '삼진아웃' 제도도 도입했다. 처음 룰 위반이 적발되면 경고, 두 번째는 앞의 것까지 합쳐 두 배의 벌, 세 번째는 '집에 보낸다'는 뜻이다. 이를 위반하면 식당 앞 게시판에 공고하기까지 했다.

수원·부산·천안 등 많은 수의 공장 책임자 중 부산의 한 부장이

ISO를 그대로 지키는 프로그램을 만들어 열심이라는 소식을 들었다. 직접 찾아가 보니 생산·품질 등 모두가 안정적이었다. 나는 이를 과 감히 도입해 삼성SDI의 표준 품질 프로그램인 SQM(Samsung Quality Management)이라는 이름으로 바꿔 전사적으로 추진하도록 했다.

삼성SDI 혁신의 핵심은 '프로세스 혁신을 통해 간접 부문의 생산 성을 300% 올리자'는 것이었다. 여기에 품질 프로세스를 획기적으 로 혁신해 품질 코스트를 선진국 수준으로 줄이고 매년 500억 원씩 적자가 나던 소형 디스플레이를 1년 안에 흑자로 돌리기로 했다. 고 부가가치 제품 생산은 목표를 추가하여 모두 네 가지 방안을 혁신의 모체로 정했다.

200명이나 되는 인원을 뽑아 혁신 프로젝트팀을 만들었다. 현장 에선 "그렇지 않아도 바빠 죽겠는데 그렇게 많은 인원을 데려가면 일이 되겠느냐"는 불만이 쏟아졌다. 사람이 비면 물론 일이 늘고 힘 도 들기 마련이다. 하지만 시간이 지나니 사람과 사람, 조직과 조직 사이에서 오는 손실이 오히려 줄기 시작하는 것을 보게 됐다. 불평 불만은 "오히려 일하기 더 편해졌다"는 말로 바뀌었다. 200명의 혁 신 팀원도 올곧게 프로세스 혁신에 전념할 수 있었다.

나는 공무원의 수는 업무의 경중이나 유무에 관계없이 일정 비율 로 증가한다는 영국의 경영 연구가 파킨슨의 법칙을 믿는다. 영국이 전 세계 42개국에 식민지를 뒀는데, 식민지 수가 줄어도 관리청 사 람들은 계속 늘어났다고 한다. 일은 줄어드는데 사람은 늘어나는 것 이다. 일이란 것은 사람 수에 따라 더 늘어나기 마련이다. 혼자 할 일을 두 사람이 하면 거기서 파생된 관계 문제 때문에 일이 더 많아지고 바빠지는 것이다. 역설적으로 말하면 사람을 줄여야 일도 준다.

200명이나 되는 사람을 간접 부문에서 빼냈으니 규모만도 어마어마했다. 그런데 부임 첫해에 매출 3조 몇천억 원 중 원가절감 부문에서만 1조 1,000억 원을 달성했다. 브라운관 가격이 그렇게 떨어지는데도 흑자를 낼 수 있었던 건 위기의 공감, 그리고 신뢰성의 공유에 있었다. 위기가 닥치면 '망한다'는 부정적인 생각과 '기회다, 할 수 있다'는 긍정적 신뢰의 두 가지로 생각이 나뉜다. 위기를 긍정적인 도전 정신으로 승화시키고 융합과 시너지를 이루면 결국 기회로 돌아오게 된다.

그 무렵 천안에 새로 지은 공장은 최고의 효율을 자랑했다. 그런데 천안 공장의 직원들은 새로 뽑은 인원이 거의 없었다. 기존 공장의 생산성이 오르면서 남는 인원들을 투입한 것이다. SQM으로 품질을 개선했고 1996년 하반기에 식스시그마까지 도입한 결과였다.

훗날 일본의 〈닛케이비즈니스〉에서 조사를 나온 적이 있다. 2000년 즈음의 일이다. '일본의 브라운관은 다 적자가 나서 문을 닫거나 위기인데, 어떻게 삼성SDI만 돈을 버는가'가 그들의 연구 과제였다. 나중에 돌아가 잡지에 특집 기사로 크게 소개했다. 삼성SDI는 생산성을 올려 그중 3분의 1을 신규 사업장인 천안에 투자했다. 천안에서 시작한 2차전지 사업이 대표적이다. 식스시그마로 원가 경쟁에서 일본을 10% 이상 앞서나갔다는 게 기사의 결론이었다.

숨겨진 일화도 있다. 시장의 맞수인 LG전자도 브라운관 사업을 하고 있었는데, 일본과 마찬가지로 적자를 보고 있었다. 구자홍 당시 LG전자 부회장은 "왜 삼성만 이익인지 철저히 분석하라"는 명령을 내렸다고 한다. 하지만 재료비·인건비 등을 아무리 따져 봐도 브라운관 하나당 8,000원 이상 LG 제품이 비싸다는 결론이 나왔다. 이유는 도저히 설명이 안 됐다. 8,000원의 차이는 무엇이었을까. 답은 결국 '품질 코스트'의 차이였다. 식스시그마식으로 말하면 당시 LG의 품질 수준은 3.7~3.8시그마 수준이었고 삼성SDI는 이미 5.2시그마 수준에 이르러 있었다는 걸 뜻한다. 이 일을 계기로 LG전자도 전사적인 식스시그마 도입에 나서게 됐다.

대만 공장의 **퇴출 1순위**
품질 혁신으로 **대반전**

삼성전관(현 삼성SDI) 사장으로 부임하며 기억에 남는 일 가운데 하나가 '대만대첩'이다. 모니터용 컬러 브라운관인 CDT는 1995년에 이미 공급이 수요를 훨씬 뛰어넘은 상황이었다. 가격도 50%나 폭락했다. 살아남는 길은 고부가가치 제품 개발뿐이었다.

그런데 일본의 고정세 기술은 따라잡기가 여간 힘든 게 아니었다. CDT의 고객은 기본적으로 모니터다. 모니터 자체의 특성에 브라운관을 얹었을 때 궁합이 잘 맞으면 화질도 좋아지고 제조도 쉽다. 하지만 그때까지만 해도 삼성SDI 사람들은 '브라운관은 글로벌 스탠더드다. 우리는 우리 것만 잘하면 된다'고 생각했다. 모니터 제조 쪽에선 특성이 맞지 않아 품질을 조정하는 데 시간이 많이 걸리고 힘들어했다.

부임 초기, 대만의 업체를 찾아가 생산 책임자를 만났다. 그에게 "일본 히타치와 우리 제품의 차이가 뭐냐"고 물었다. 그랬더니 "삼성 제품을 라인에 올리면 생산성이 30% 뚝 떨어진다"는 게 아닌가. "양이 모자라 하는 수 없이 쓰지 그렇지 않으면 안 쓸 것"이라는 원색적인 비난이 이어졌다. 일개 창고 담당자까지도 우리 물건을 깔아뭉갰다. "물건을 50 대 50으로 샀는데, 생산 반장들이 히타치 것만 가져 가려고 하니 창고 관리가 더 힘들다"는 푸념이었다.

낯이 뜨거워 더 이상 듣기 힘들 지경이었다. 우리가 생각하는 품질·납기와 고객이 생각하는 게 다르다는 걸 설실히 깨달은 계기였다. 예를 들어 '그 달 안에 정해진 수량만 선적하면 된다'는 게 우리의 생각이었다. 하지만 고객으로선 자기가 필요할 때 정확히 필요한 숫자만큼 보내 줄 때 비로소 '납기가 맞는다'고 생각하게 된다. 정작 필요한 시기에는 부족하고 필요 없을 때는 왕창 보내 창고에 쌓아 두게 하는 건 납기를 맞추는 게 아니라는 소리다.

회사 내에서는 납기를 100% 지켰다고 자랑하지만 대만 업체 쪽에서 보면 '삼성만큼 납기를 잘 안 지키는 기업'도 없는 셈이었다. 일전에 만난 대만의 생산 책임자는 "곧 납품 평가가 있는데, 9개의 거래처 중 3개만 남기고 자를 예정"이라고 말했다. 공급과잉 때문이었다. 그는 "9개 중 수원서 오는 건 6등, 부산 것은 9등이다. 둘 다 잘릴 것이다"라고 대놓고 얘기했다. 쥐구멍이라도 찾고 싶은 심정이었지만 그에게 이렇게 말하며 사정하는 수밖에 없었다.

"실은 내가 새로 부임한 사장이다. 주특기가 프로세스 혁신이고, 두 번째는 품질 혁신이다. 그러니 식스시그마를 도입하여 품질을 완벽히 하겠다. 개선이 안 됐을 때 잘리면 상관없지만, 그게 아니라면 당신들 손해다. 그러니 시간을 달라."

때마침 히타치에서 대만에서 활약하던 기술자 한 명이 퇴임했다는 걸 알게 됐다. 그는 브라운관과 모니터의 특성을 맞출 수 있는 전문가였다. 품질 문제를 해결하기 위해 그 사람만 한 적임자도 없다고 판단해 얼른 모셔 왔다. 일본인 기술자는 모니터 설계에 직접 참여했고 우리가 가져온 브라운관의 특성과 맞춰 주는 역할을 훌륭하게 수행했다.

이후부터 어느새 "삼성SDI의 브라운관은 가져다가 바로 꽂으면 (조립하면) 된다"는 얘기가 돌기 시작했다. 우리는 우리 나름대로 '7대 기술 과제'를 정해 품질 혁신에 나섰다. 9개의 거래처 중 잘해야 6등이었던 삼성SDI는 혁신 세 달 뒤 13개의 거래처가 22개로 늘었다. 1997년 11월 27일, 드디어 '대만대첩'이 완료되는 순간이었다.

'타도 소니' 1년 만에
적자에서 100억 흑자로

이병철 회장은 생전에 "삼성SDI를 세계 최대의 브라운관 기업으로 만들라"는 지시를 내렸다. 이후 이 회장의 목표를 바탕으로 드디어 '컬러 브라운관 연간 생산 1,000만 본'을 이뤄 내며 세계 최대 메이커로 성장했다. 하지만 생산량으로 세계 최대를 자부하는 건 이건희 회장의 신경영 도입 이후 근본적인 문제에 부딪치게 됐다. 바로 품질의 문제였다. 전사적으로 매달린 '월드 베스트' 전략과 세계 최대 생산량은 맞지 않았다.

앞서도 말했지만 삼성SDI 사장으로 부임한 내게 이건희 회장은 단 하나의 조건을 걸었다. "양은 우리가 제일인데, 기술은 소니가 최고다. 언제 따라가겠나"라는 것이다. 바로 소니를 따라잡으라는 새로운 목표였다.

소니는 당시 이미 '트리니트론'이라는 기술 특허로 만든 원통형 브라운관으로 세계를 제패하고 있었다. 소니를 제외한 전 세계 어떤 제조사도 구형 브라운관을 벗어나지 못했다. 구형 브라운관과 트리니트론은 들어가는 부품 자체가 완전히 달랐다. 그 어느 기업도 '소니에 도전하겠다'는 말조차 꺼내지 못했다.

'금요 회의'로 소니의 아성에 도전

소니를 뛰어넘기 위해선 그들의 기술과는 다른 우리만의 새로운 기술이 필요했다. 어차피 소니의 방식이 아닌 독창적인 혁신 기술을 개발해야 했다는 뜻이다. 그 결과 개발된 것이 '섀도마스크' 방식을 적용한 17인치 '다이나플랫' 브라운관이다. 1998년 4월에는 29인치를 개발하는 데도 성공했다. 그 당시 완전 평면 브라운관 생산 능력을 갖춘 곳은 소니·삼성·마쓰시타밖에 없었다.

새로운 기술을 개발하기 위해선 기술자들의 생각부터 바꾸기 위해 노력해야 한다. 당시는 황창규 전 삼성기술총괄사장이 삼성반도체연구소장을 맡고 있을 때다. 나는 황 소장을 찾아가 "반도체는 이미 세계 1등이다. 어떻게 하면 그렇게 될 수 있느냐"고 자문했다. 그리고 우리 공장 직원들에게 노하우를 전수해 달라고 부탁했다. 황 사장은 흔쾌히 동의했고 얼마 후 부산 공장을 찾아왔다.

황 사장이 밝힌 세계 1등의 비결은 '수요 공정회의'였다. 매주 수요일 오후 모든 기술자들이 한자리에 모여 기술 이슈에 대해 벌이는 토론이다. 그 자리에선 직급과 경력에 구애받지 않고 누구든 자신의 생각을 발표하고 토론한다고 했다. 수요 공정회의는 반도체 사업부 설립 초기부터 이어져 온 전통이었다. 내가 2004년 삼성인력개발원장으로 있을 때 황 사장이 직원들과 함께 워크숍을 온 적이 있는데 바로 '수요 공정회의 700회'를 기념하는 행사였다. 수요공정회의는 현재까지 1,100회를 넘겨 이어지고 있다.

황 사장은 "모든 기술을 공유하면 저절로 업그레이드가 이뤄진다"고 밀했다. 문제가 생긴 사람이 잘 아는 사람에게 도움을 받고 훌륭한 인재를 발탁하기도 하고 아이디어도 창출되는 곳이 바로 수요 공정회의였다.

이를 벤치마킹해 삼성SDI도 '금요 공정회의'를 만들었다. 저녁을 먹고 회사 밖에서 토론을 벌였다. 밤 12시 혹은 1시를 넘기면서까지 끝장 토론이 이어졌다. 이를 매주 반복하다 보니 황 사장의 말처럼 새로운 역량이 쌓이기 시작했다. 소니와의 경쟁, 대만대첩의 완성 등 삼성SDI의 경쟁력은 다분히 금요 공정회의에서 나왔다고 말할 수 있다.

이후 크게 히트한 원적외선 브라운관, 기(氣) 브라운관, 프레시바이오 브라운관 등의 창의적 아이디어들이 금요 공정회의를 통해 나왔다. 기 브라운관은 러시아에서 대히트를 기록했는데 러시아는 추운 기후 덕에 일찍부터 원적외선의 효과를 알고 있었다. 러시아 사람들이 삼성 TV 앞에 죽 둘러앉아 방송을 보던 모습이 잊히지 않는다.

500억 적자를
1년 만에 흑자로

처음 삼성전관 대표이사 발령을 받고 당시 김광호 삼성전자 부회장에게 인사하러 갔다. 그 자리에서 김 부회장은 "전관에 소형 액정표시장치(LCD) 사업에서 해마다 수백억 원씩 적자가 난다. 10년간 안 되는 건 안 되는 거다. 정리하는 게 좋겠다. 반도체도 잘되고 있으니 생각해 보라"고 조언했다.

하지만 나는 '적자의 원인이 무엇인지, 제대로 노력했는데도 적자인지, 뭔가 잘못된 것은 없는지' 알아봐야겠다는 결론을 나름대로 내리고 있던 차였다. 소형 LCD 사업을 책임지고 있던 이는 엔지니어 출신의 상무였다. 사업 책임자라고는 하지만 순수한 엔지니어이지 경영자는 아니었다.

일단 간부들을 한자리에 모아 왜 적자인지 물었다. 10년쯤 위기를 겪은 사업은 대부분 위기의 원인이 한두 가지로 모아지기 마련이다. 그런데 어떻게 된 것이 사람마다 말하는 이유와 생각이 제각각인 것 아닌가. 위기와 문제의식조차 통일돼 있지 않은 심각한 수준이었다. 결국 토론을 통해 하나의 문제로 집중하는 것부터 시작하기로 했다.

우선 영업부서부터 시작했다. STN LCD(수동형)는 'PC용 모니터가 뜨니 모니터용 대형 디스플레이를 만들어야 돈을 번다'는 생각을 갖기 시작했다. 대형 노트북용 설비 투자를 진행하게 된 배경이었다. 하지만 소형도 제대로 된 품질을 갖추지 못했는데 대형이 될 리 만무했다.

책임자는 무조건 '팔라'고만 하니 영업부서에선 공장에서 소화할 수 없는 스펙의 제품들까지 무조건 수주해 왔다. 그런 다음 개발 부서로 넘기면 여기서도 양산 개념 따위는 생각지도 않은 채 그냥 생산 공장으로 내려 보냈다. 자연히 공장은 난장판이 됐다. 이것이야말로 '모럴 해저드'다. 내 부서만 욕먹지 않으면 된다는 생각에 책임 떠넘기기에만 급급한 모양새였다.

고객 관리의 혁신
과감한 퇴출 도입

문제점을 파악한 후 당장 개발 부서 사람들을 불렀다. 그러고는 "너희들이 제일 중요하다. 우리 기술 역량을 알지 않느냐"고 말했다. 그때부터 개발부와 영업부가 따로 놀지 말고 같이 다니면서 서로 설득하고 사람도 만나라는 지시를 내렸다. 그렇게 하자 자연히 거래처가 정리되기 시작했다. 사실 훌륭한 거래처들은 흑자를 내는 곳도 많았다. 하지만 우리와 맞지 않는 수많은 거래처 때문에 좋은 거래처까지 만족시키지 못했던 것이다.

"고객을 ABC로 나누어 관리하라"는 지침을 내렸다. 우량 거래처를 최우선시해 그들에게 최고의 만족을 준 후 그들로 하여금 물량을 늘리게 하자는 뜻이다. 반면 손해나고 맞지 않는 거래처의 80%를 잘라내고 20%만 남겼다.

조직이 안정을 되찾고 여유가 생기자 "또 다른 높은 수준의 고객을 찾아 개발하자"는 선순환 구조가 정착되기 시작했다. 이와 함께 기술 인력을 영업에 전진 배치하고 A급 고객에게 모든 역량을 총집중했다. B급은 A급으로 만들고 C급은 과감히 퇴출시켰다. 그러자 문제를 보는 눈이 점점 간단해졌다. 이전까지는 서로 엉켜 '네 잘못, 내 잘못'을 따지기 바빴던 이들도 변하기 시작했다.

생산 현장 인력들과 함께 신불산을 오르거나 극기 훈련까지 진행하며 공감대를 쌓는 등 의지를 다졌다. 결과는 9개월 만에 형광표시관(VFD)의 흑자 전환으로 나타났다. 3개월 후에는 LCD도 흑자로 돌아섰다. 소형 디스플레이에 혁신을 도입한 지 1년이 지나자 모든 사업부가 흑자로 돌아섰다. 10년 동안 매년 500억 원의 적자를 내며 모두가 '정리하라'고 조언했던 사업이 '미운 오리 새끼'에서 '백조'로 화려하게 부활한 것이다.

VFD를 보니 일본의 경쟁사가 모두 미국의 '빅3' 자동차 회사에 납품하고 있었다. '우리도 못할 것이 없다'는 생각이 들었다. 당시 미국은 QS-9000이라는 품질 규격을 만들어 모든 부품사에 이를 따르도록 요구하고 있었다. 하지만 일본 NEC나 호시덴 같은 기업은 별 노력을 기울이지 않았다. 후발 주자인 삼성SDI는 이를 노렸다. 전 사원이 똘똘 뭉쳐 1997년 9월 미국 시장에 진출하는 데 성공했다.

결국 김광호 부회장에게 "1년만 기다려 달라. 그 안에 흑자를 내지 못하면 내가 접겠다"고 했던 약속을 지킬 수 있었다.

Part 6

위기를 넘는
혁신의 힘

'현재'는 다 바꾸고
'미래'를 연구하라

1994년에 삼성전자 전략기획실에서 프로세스 혁신을 경험한 것은 이후 CEO로서 가질 수 있는 귀중한 자산이 됐다. 1995년 말 삼성SDI 사장으로 부임했을 때는 이미 2년간 프로세스 혁신(PI) 과정을 온전히 겪고 난 뒤였다.

막상 삼성SDI에 가 보니 혁신은커녕 과거 삼성NEC(삼성과 일본 NEC의 합작회사) 시절의 업무 방식을 그대로 따르고 있는 수준이었다. 심지어 컴퓨터도 NEC 것을 쓰는 등 모든 것이 NEC의 시스템이었다. "간접 부문의 생산성을 300% 올리고 이를 통해 새로운 기술을 개발하자"는 승리 전략을 직원들에게 제시했다. 방법은 역시 PI였다.

삼성전자의 PI는 1994년부터 시작해 6년간 장기 플랜으로 진행됐다. 하지만 삼성SDI는 그럴 만한 여유가 없었다. 신경영 1차 종료 시점인 1998년 6월까지 어떻게든 마쳐야 했다. 첫째 목표는 '프로세스 혁신을 1년 안에 끝낸다'였다. 보통 아무리 짧아도 3년은 걸리는 게 기본이었지만 그래선 망하기 십상이었다. 어찌 보면 무모한 도전이었다. 지금까지 누구도 해 본 적이 없었기 때문이다.

PI는 전문가의 도움과 감독이 필수다. 이를 위해 세계 각국의 컨설팅 회사를 찾았다. 언스트앤영, 앤더슨, KPMG 등이었다. 그런데 미국 회사들은 "1년 만에는 불가능하다"며 모두 손사래 쳤다. 유일하게 독일의 KPMG만 "가능하다"는 연락이 왔다. 이 프로젝트를 맡은 KPMG 담당자의 이름이 슈미트였다. 그는 "기간 내에 맞추지 못하면 고객이 망한다는데, 맞춰 줘야지 어쩌겠느냐"며 우리의 요구에 응했다.

당시 독일에는 SAP라는 회사가 만든 시스템이 최고의 성능을 자랑하고 있었는데 독일이나 유럽 안에서도 부분적(재무·구매 등)으로만 깔려 있었지 회사 전체 시스템에 이를 적용한 사례는 없었다. KPMG는 바로 이 점을 노렸다. SAP 시스템을 기업 전반에 적용해 볼 수 있는 유일한 기회였던 것이다. KPMG의 향후 컨설팅 마케팅에서 이보다 좋은 메리트는 없었다.

KPMG 안에서도 "내부의 인재를 키우려면 이런 큰 프로젝트를 해 봐야 한다"는 의견이 나왔다고 한다. 그 덕분에 삼성SDI의 PI를 담당하는 직원들은 KPMG 안에서도 욕심과 열정을 가진 인재들이었다. 이들은 1년 내내 휴가를 가지 않을 정도로 똘똘 뭉쳤다. 나중에 슈미트를 만나 들으니 1년 사이에 체중이 20킬로그램이나 줄었다고 한다.

제일 어려웠던 것은 직원들의 부인을 일일이 만나 설득하는 일이었다고 한다. 유럽은 우리와 달리 1년 동안 휴가 없이 지낸다는 건 상상할 수도 없는 노동환경이었다. PI를 성공적으로 마치고 난 후 담당자인 슈미트에게 '슈드 미트'(should meet)라는 별명을 지어 줬다. '고객의 요구를 반드시 들어주는 사람'이란 뜻에서였다.

'곰탕'과 '비빔밥'
우리는 다 할 수 있다

1995년 들어 제너럴일렉트릭(GE)의 잭 웰치 회장이 식스시그마를 천명했다. 당시 삼성과 GE의 합작사인 삼성GE메디컬시스템즈가 있었는데, 나도 삼성 쪽 이사로 참여 중이었다. 그 덕분에 이사회 때마다 공장을 방문하고 설명을 들을 수 있었다. 그때마다 나오는 게 식스시그마 얘기였다. 우리는 '몇 % 불량률'을 얘기할 때 그들은 이미 100만 개 수준을 지향하고 있었다.

결국 프로세스만 바꾼다고 되는 게 아니라는 걸 깨달았다. 회사의 모든 사람들이 방법론으로 무장해야 한다는 생각에 식스시그마 도입을 천명했다. 하지만 한 사람도 빠지지 않고 반대했다. "PI를 1년 만에 끝내기 위해 죽을 지경인데 뭘 또 하느냐"는 소리였다. 여기서 내가 내놓은 게 '곰탕론'이다. 한국 사람은 곰탕을 끓이고 비빔밥을 먹는 사람들이다.

한 가지를 쉽게 가르쳐 놓으면 게으름을 피우기 쉽고 어려운 도전

과제를 주면 악착같이 해내는 게 바로 한국인이란 뜻이다. "한번 해 보자"며 직원들을 다독였다. 프로세스 혁신과 전사적 자원관리(ERP)를 동시에 끝내는 Y형 프로세스도 겨우겨우 설득해 시작했는데, 여기에 난데없는 식스시그마까지 붙여 W형 프로세스에 도전하자는 주문이었다. 결과는 결국 성공이었다.

당시 삼성SDS 남궁석 사장이 우리의 무모한 도전을 보며 걱정했던 모습이 생각난다. "NEC 시스템을 다 끄고 바꾼다고 하던데 다른 회사들도 기존 것을 돌려 가며 한다. 그렇게 하는 게 어떻겠나." 내 대답은 단호했다. "안 된다, 배수진을 쳐야 한다. 모든 사람이 최선을 다하겠다"고 답했다. 나중에 남궁석 사장을 모셔 온 적이 있다. 남궁석 사장으로선 말리려는 의도였으리라. 이 자리에서도 "삼성SDI를 살리는 길이 PI와 식스시그마에 달려 있다. 엉거주춤한 자세로는 안 된다"며 오히려 설득하여 지원을 얻어 냈다.

1990년대 중반까지만 하더라도 삼성의 전지 사업은 전기·전자·전관 등이 모두 뛰어든 상태였다. 1994년부터 시작된 그룹 전체 회의를 통해 비로소 "삼성기술원이 연구를 진행하면서 언젠가는 통합한다"는 결론을 내렸다. 삼성SDI로 전지 사업이 일원화된 배경이다. 당시 삼성SDI는 니켈수소전지 사업을 진행하고 있었다. 1996년 부임해 보니 이미 파일럿 생산 단계였다.

그런데 전지 사업을 공부해 보니 그때 이미 '리튬전지' 시대가 온다는 게 전문가들 사이에선 상식으로 통했다. 하지만 SDI 사람들은 파일럿 단계까지 와 있는 니켈수소전지에 미련을 버리지 못했다. 그러니 항상 "문제없다. 시장이 밝다"는 얘기만 나왔다.

결국 직접 일본에 찾아가 전지 전문가 여럿을 만나 봤다. 그들이 이구동성으로 하는 말은 "니켈수소는 가고 리튬이 뜬다"는 소리였다. 용량이나 품질로 당할 수 없다는 게 대세였다. 돌아와 직원들을 설득하고 리튬전지에 도전하자는 결론을 내렸다.

2차전지가
미래의 먹을거리

막상 리튬전지 사업을 시작하려고 보니 국내에선 이미 LG화학이 2~3년 전부터 치고 나가 상당히 앞서 있는 상태였다. 불만과 어려움을 호소하는 직원들에게 이렇게 얘기했다.

"사람의 몸을 봐라. 제일 중요한 세 가지가 있다. 첫째가 머리, 그다음이 보는 눈, 마지막으로 심장이다. 뇌에 해당하는 반도체는 삼성전자가 맡고 우리는 디스플레이, 즉 눈을 맡고 있다. 여기에 심장에 해당하는 2차전지까지 우리가 한다고 생각해 봐라. 결국에는 삼성전자보다 더 가치 있는 회사를 만들 수 있다."

삼성전기 시절에 전사적 자원관리(ERP) 프로젝트에 함께 참여했던 일본인 나카바야시 고문도 찾았다. 그에게 '후발 주자가 빨리 따라잡을 수 있는 방법'을 물었더니 "전 세계의 연구 결과 어떤 것이 성공하고 실패했는지 전부 파악하면 빨리 따라갈 수 있다"는 답을 들었다. 선문답 같은 대답에 당황해하자 웃으면서 하는 말이 "모든 기술은 연구 논문과 특허로 나타난다"고 말했다. 어차피 이 사업에서 성공하려면 특허를 분석해야 했다. 어느 회사가 어떤 기술에 강하고 어디에 중점을 두는지 특허에 모두 드러나 있었다.

특허청에 달려가 모든 특허와 논문을 다 찾아 발췌하고 복사해 왔다. 수천 건에 이르는 복사물들이 방 안에 산더미처럼 쌓였고 연구원들이 달려들어 정리, 분석하기 시작했다. 그랬더니 거짓말처럼 기술과 협력 사항 등이 소상하게 드러나는 게 아닌가. 이와 함께 토론까지 진행하니 분야별 업무 분장도 자연스럽게 이뤄졌다.

'빠짐없이, 중복 없이'가 연구 활동의 핵심이었다. 전력을 다해 진행하니 엄청나게 빠른 속도로 LG화학을 따라잡았고 양산도 우리가 먼저 하는 성과를 거뒀다. 그때부터 나는 무엇보다 특허를 중요하게 생각하게 됐다. 미국의 전문가를 모셔 와 특허팀을 만들고 전 세계의 특허를 연구·분석하는 일만 맡겼다. 오늘날 삼성SDI의 2차전지 사업 기반은 순전히 기술 특허를 바탕으로 이뤄졌다.

구조조정의 아픔, '후안흑심'도 필요

삼성SDI가 2차전지 부문에서 최고가 된 데에는 숨겨진 재미있는 일화가 있다. 사람, 즉 인재의 소중함을 일깨워 주는 사례다. 2차전지로 사업 방향을 틀었지만 막상 관련 기술에 대해선 아는 것이 많지 않았다. 한마디로 제조 기술이 없었다는 뜻이다. 우리는 일본 최고의 기술자와 전문가들을 전격적으로 스카우트했다. 당시만 해도 2차전지 세계 최고였던 소니의 기술자들을 세트로 확보하게 된 것이다. 각각 품질·생산·기술 담당인 이들을 스카우트하게 된 사연은 이렇다.

소니는 당시 리튬전지에서 가장 앞서 가는 기업이었다. 그런데 이를 개발한 곳은 소니 본사가 아니라 소니 자회사의 자회사, 즉 손자 회사쯤 되는 곳이었다. 작은 회사가 엄청난 기술력을 발휘해 세계 최고의 리튬전지 회사로 큰 것이다. 리튬의 중요성이 알려지고 부각되면서 본사에서 이들을 흡수 통합하게 됐다. 그러고 나서 소니 사람들을 파견했는데, 문제는 여기서부터 시작됐다.

일반적으로 본사 사원이 자회사에 가면 한두 계급 올라가기 마련이다. 이때 회사의 주축이었던 생산·품질·기술·기획 등 4명의 부장이 사직서를 내게 됐다. 어찌 보면 아주 사소한 감정적인 문제였다.

이들은 모두 지긋한 나이에 평생을 기술에 바쳐 온 사람들이었다. 그런데 어느 날 갑자기 젊은 친구들이 와서 기술자를 존중하지 않는 것은 물론이고 본사의 관료주의적 시각으로 대하기 시작하는 게 아닌가. 이들은 크게 실망했다. 급기야 기획을 맡았던 이는 따로 컨설팅 회사를 차려 독립했다. 그리고 나머지 세 명이 모두 '현장 투입'을 조건으로 삼성SDI에 입사했다. 소니 같은 선발 주자를 따라잡게 된 데는 이들의 공이 지대했다.

대기업 절반이
퇴출된 소용돌이

사람이 중요한 건 누구나 알고 있지만 때론 품 안에서 내보내는 아픔을 겪기도 한다. 1997년 찾아온 국제통화기금(IMF) 관리 체제 때가 대표적이다. 위기는 모든 것을 비상사태로 돌렸다. 30대 그룹 가운데 거의 절반이 퇴출됐고 중견기업의 27%가 사라졌다.

변화와 혁신은 사업 규모 조정, 인원 조정, 자리 배치 등의 변화가 불가피한 작업이다. 다행히 삼성SDI는 식스시그마와 프로세스 혁신으로 간접 부문의 생산성을 300% 올리고 나머지는 다른 일을 해야 한다는 목표가 처음부터 있었다. 천안에 새로운 사업장을 준비하고 거기서 플라즈마 디스플레이 패널(PDP), 전지 사업 준비 등을 위해 이미 사람들을 이동시키던 중이었다. 당연히 구조조정 규모도 작았다.

그럼에도 불구하고 임원 등 많은 사람들을 구조조정하지 않을 수 없는 어려움에 봉착했다. 그때가 기업인으로서 가장 어렵고 힘든 때가 아니었나 싶다. 함께 혁신하고 식스시그마를 도입하며 밤낮없이 일했는데 도대체 누구를 내보낸단 말인가. 대상자가 정해지면 막상 통보는 어떻게 하나. 정말 가슴 아픈 일이었다.

답답한 마음에 부산에 있는 친척 어른을 찾아뵈었다. 평소에 생각의 깊이가 있어 존경하는 어른이었다. 저녁을 같이하며 어려움을 토로하니 책 한 권을 추천했다.《후안흑심 *Think Face, Black Heart*》(1996)이란 제목으로, 지금은 절판된 책이다.

후안흑심은 자고로 '중국의 영웅들은 전부 낯이 두껍고, 마음이 시커먼 사람들'이라는 뜻이다. 책에선 삼국시대의 영웅인 유비를 가장 낯이 두꺼운 이라고 말한다. 전쟁에서 지면 자결을 택하기보다 반대편, 심지어는 적군인 조조에게조차 머리를 숙이며 연명한 이가 유비다. 조조는 그렇게 유비를 받아들이고 나선 "천하의 영웅은 유공과 나밖에 없지 않느냐"며 떠보기도 했다. 유비는 그럴 때마다 손을 떨어 찻잔을 떨어뜨리며 절대 그렇지 않다고 얘기하곤 했다.

반면 항우는 낯이 가장 얇은 사람이다. 백전백승하다가 맨 마지막 한판 전쟁에서 패한 그는 "초나라로 데려온 8,000 군사를 다 잃었다"며 자살을 택했다. 그런데 유방은 100전 100패 해도 또 돌아가서 다음을 준비했다. 유비와 마찬가지로 낯이 두꺼운 것이다. 하지만 유비도 유방도 낯이 두꺼울 수 있었던 것은 큰 목표, 즉 소명의식이 있었기 때문이다. 그들에게는 '누가 욕을 하더라도 이를 참고 견뎌 나라와 백성을 구하겠다'는 큰 뜻이 있었다. 아비규환의 세상을 통일해 다시 태평성대를 가져오려면 자신이 살아야 한다는 게 지상 과제였던 것이다. 만일 낯이 두껍지 못하면 이를 견딜 수 없었을 것이다.

무조건 안고 가는 게 능사는 아니다

흑심의 대표 주자는 조조다. 조조는 천하통일을 위해 방해가 되는 것은 가차 없이 처단했다. 한 번은 조조가 전쟁에 패해 혼자 말을 타고 도망친 적이 있었다. 도중에 친한 옛 친구를 만났는데, 힘든 조조를 제 집에 재워 줬다. 한참 자다 이상한 소리에 눈을 떴는데, 밖에서 친구의 부인이 칼을 가는 소리가 들렸다. "술을 대접해야 하니 돼지를 잡으라"는 남편의 말을 듣고 부인이 칼을 갈고 있었던 것. 하지만 조조는 친구가 자신을 죽이려 한다고 생각했다. 마침 친구가 집에 없는 걸 보고 관가에 신고하러 갔을 거라 생각한 조조는 부인을 죽이고 도망쳤다.

그런데 길을 가다 술을 들고 뛰어오는 친구를 만났다. 큰 뜻을 위해 내가 남을 배반할 수 있어도 남이 나를 배반하게, 원수가 되게 해서는 안 된다는 게 조조의 생각이었다. 그냥 돌아가면 부인의 죽음을 보고 원수가 돼 자신을 칠 것이라고 생각한 조조는 그 자리에서 친구마저 죽이고 다시 길을 떠났다. 그야말로 흑심의 대표 격이다. 하지만 큰 뜻을 이루기 위한 흑심은 세상을 바꾼다. 체면을 버리거나 작은 희생을 가슴 아파해서는 안 된다는 뜻이다. 유비와 조조의 이야기는 후안과 흑심이 마음의 창과 방패가 된다는 걸 일러 줬다.

책을 읽고 나니 IMF라는 큰 소용돌이 앞에서는 전 직원이 위험에 빠질 수 있다는 결론을 내렸다. 사업을 정리하고 맞지 않는 인원을 정리하는 것은 큰 배가 풍랑을 만나 짐을 버리는 것이라고 생각했다. 다 죽느냐, 남은 사람이라도 사느냐의 갈림길이었다. 그 순간 후안흑심이 맞다는 걸 다시 한 번 깨달았다.

대신 구조조정 당사자들이 새로운 활로를 찾아가는 데 도움되는 일을 적극적으로 전개했다. GE의 잭 웰치 전 회장이 늘 하는 말 중 하나가 있다. "조직에 A급 인재가 20% 있고, 나머지 80%가 있다. 그 중에서도 맨 마지막 10%는 마이너스가 되는 사람들이다. 이들이 새로운 기회를 찾아 떠나갈 수 있도록 구조조정을 해야 한다."

잭 웰치 회장은 "사람을 내모는 것에 대해 어떻게 생각하느냐"는 질문에 "적재적소에서 자기의 잠재 역량을 발휘하지 못하고 조직과 자신의 삶 모두가 불행해지는 사람들이 있다. 이때 조직의 장은 이들을 안고 가는 게 아니라 새로운 일을 찾아가도록 기회를 제공해야 한다"고 대답하곤 했다. 그는 "대신 모든 GE 사람들을 변화와 혁신, 교육을 통해 몸값, 즉 가치를 올려 줘야 한다"고 역설했다. 실제로 GE에서 퇴출된 이들의 대부분은 다른 회사에 가서 승진하고 월급도 더 받는 경우가 많다. 직원 개개인의 가치를 높이도록 끌어 주고 교육시켜 어디에 가든 GE 출신이기에 몇 배 더 뛰어난 인재라는 소리를 듣게 만드는 것이다.

사람은 그렇게 써야 한다. GE는 구조조정 스트레스가 거의 없는 회사로 유명했다. 정성 들여 GE 안에서 역량을 발휘할 수 있도록 찾아보고, 그래도 안 되면 적극적으로 외부에서 기회를 찾도록 동기를 부여하는 시스템이다. 어느 자리든 한 번 들어가면 마냥 있는 것이 좋은 것은 아니다. 적응하지 못하는 사람을 그냥 놔두는 것은 오히려 죄악이다. 삼성SDI도 사원들 중 장기근속해 정년이 다 된 사람들을 위해 '희망퇴직'을 받고, 그들을 위해 창업지원센터를 만드는 등 퇴직자를 위한 프로그램에 힘썼다.

삼성종합기술원,
'가슴 뛰는 목표'를 주다

1999년 1월 삼성SDI를 떠나 삼성종합기술원장으로 새로운 출발을 시작했다. 이때부터 2004년 1월까지 만 5년간 기술원장으로 일했다. 과거 원장들이 1년 정도 근속한 것이 대부분이었던 데 비하면 최장수 기록이다. 기술원은 그만큼 바람도 많고 변화도 많은 곳이었다.

5년간의 경력 덕분에 '기술 경영' 전문가가 다 됐다. '한국을 일으킨 엔지니어 60인 상'도 받았다. 기계공학이 아닌, 기술 경영 전문가로 인정받고 세종대학에서 기술경영학 명예박사 학위도 받은 건 모두 기술원장 시절 덕분이다. 요즘도 강연 같은 대외적 활동과 한국공학한림원 · 한국엔지니어클럽 등 과학기술 활동을 계속할 수 있는 것도 모두 이때의 경험 덕분이다. 정말 큰 행운이 아닐 수 없다.

사실 기술원은 잘 가려고 하지 않는 기피 대상 중의 하나였다. 대부분의 경영자가 현장 CEO를 선호하지 연구소의 책임자로 가는 건 마뜩잖아했다. 하지만 나는 기술원을 통해 제2의 인생을 살아가는 그릇을 만들 수 있었다. 삼성 안만 바라보던 내부 지향적 사고가 대학의 모든 전문가, 연구소 전문가들과 교류하는 열린 시각으로 바뀌었다. 또 국가의 기술 정책 과정에도 참여하는 등 활동 범위가 굉장히 넓어졌다. 전 세계의 연구 인력과 교류하니 네트워크의 틀도 넓어졌다. 인생을 크게 구분하자면 경영자로서의 인생과 기술원 이후 기술 경영인으로서의 삶으로 나눌 수 있을 정도다.

기술원에 처음 갔을 때 제일 먼저 생각한 게 있다. 당시 삼성그룹 전체의 기술 인력은 3만 명에 달했는데, 기술원은 고작 1,000명에 불과했다. 3만 명 중 1,000명이 '나만 잘해야겠다'고 생각해선 아무것도 이룰 수 없다고 판단했다. 기술원이 코어(core) 역할을 하자, 그래서 3만 명이 성과를 낼 수 있는 '씨앗 기술'을 제공하자. 이를 위해 각 관계사들과 협력하고 기업에 속한 연구진이 기술원에 와서 공동으로 연구하고 성과도 내야 한다는 것, 즉 '플랫폼'의 역할을 하자는 게 복안이었다. 3만 명이 잘하게 할 수 있는 중심점, 즉 기술원을 삼성그룹 모든 연구의 융합과 시너지의 구심점으로 만들자고 결심했다.

1년에 한 번 여는 '삼성기술전'을 기회로 활용하기로 했다. 그룹의 모든 관계사들이 모여 서로 격려하고 벤치마킹하는 자리다. 이때 기술원의 '오픈 하우스'를 기획했다. 기술원의 비전·성과·목표를 공유하는 장을 만들기로 한 것이다. 기술원 안에는 '무한탐구관'이라고 이름 붙인 곳이 있다. 기술원이 뭘 해 왔고 뭘 하는지 성과를 보여 주는 곳이다. 예를 들어 나노 기술은 어떻게 발전하고, 세계에서 제일 발전한 기업은 어디이고, 우리는 어느 수준이고, 언제까지 발전해 그룹 발전에 기여하겠다는 로드맵을 보여 주는 식이다. 연구원들이 이를 1년에 한두 번씩 고치며 새로운 비전과 목표를 세웠다. 관계사의 CEO들을 모시고 설명회도 열었다.

기술원이 존재하는 이유는 각 사의 핵심 역량을 향상시키게끔 하는 것이다. 이를 위해서는 기술원과 관계사가 서로 믿고 신뢰하는 커뮤니케이션이 필요하다. 'CRO 제도'를 만들게 된 배경이다.

CRO는 '최고관계(소통)책임자'(Chief Relationship Officer)의 영문 첫 글자를 딴 것이다. 기술원 안에 있는 분야별 연구 책임자(전무, 부사장급)를 CRO로 임명했다. 이들에게 관계사와의 연계 활동을 위한 창구 역할을 맡겼다. 분기별로 순회하며 고객(관계사)과 만나 "우리는 이렇게 연구하고 있고, 귀사에서 필요로 하는 건 무엇이냐"고 물었다. 이 때부터 기술원은 '따로 조직'이 아니라 함께하는 조직, 즉 융합과 시너지의 플랫폼으로 인식되기 시작했다.

기술원에서 임명한 CRO들이 항상 관계사들을 순회하며 '시급한 기술'을 찾고 묻기 시작했다. 과제에 없는 것도 인원을 차출해 연구하고 도와줬다. 그렇게 해서 나온 성과 중 하나가 삼성전기의 주력 품인 적층세라믹콘덴서(MLCC)다. 삼성전기의 재료 기술이 약해 고전하고 있다는 걸 알게 된 후부터 개발에 착수해 성공한 사례다. 요즘 뜨고 있는 발광다이오드(LED)도 관련사에는 기술자가 부족했고 기술원에서 오랜 시간 연구해 온 분야였다. 오늘날 삼성전기 LED 기술력의 동기가 기술원에서 시작된 것이다.

그 뒤 4세대 통신을 연구할 때도 국내 4개 대학 100명의 교수와 학생들을 엮어 공동 개발하는 커뮤니티를 기술원 주도로 만들었다. 하나의 클러스터를 만드는 과정이었다. 기업이 경쟁을 이겨 나가기 위해 현시점과 목표를 오픈하면 대학이나 연구 기관들이 함께 연구해 시너지를 창출하는 게 좋다는 아이디어에서 출발했다.

비슷한 사례로 NTRM(National Technology Road Map)이 있다. 과학기술부가 주도해 만든 대한민국의 과학기술 지도다. 이 사업은 삼성 반도체 사업의 미래 방향과 일맥상통했는데, 바로 기술원의 로드맵을 벤치마킹했기 때문이다.

"기업이나 국가나 큰 방향은 같다. 국가의 기술이 어디로 갈 것인지 일관성이 없으면 모든 연구 주체가 시너지를 낼 수 없다. 선진국은 국가적으로 이를 만들어 조율하고 통일한다. 기술원이 로드맵의 중심이 되고 이를 국가적으로 발전시켜 한 방향으로 시너지를 내는 게 바람직하지 않겠나."

이러한 삼성의 제안을 과학기술부에서 받아들인 것이다. 당시 CRO 중 한 명인 이석환 박사가 NTRM 프로젝트의 리더로 활약했다.

누구도 하지 않은 일
바로 그것을 찾아라

삼성그룹 모든 기술의 플랫폼화를 표명했지만 1999년 부임 당시만 해도 지리멸렬한 상태였다. "삼성의 미래를 책임진다"는 멋진 창업 비전은 온데간데없었다. 심지어 "기술원 문을 닫아야 한다"는 말까지 나왔고 조직원들도 자부심이라고는 찾아볼 수 없었다. 도대체왜 그랬을까. 문제는 바로 '비전'이었다.

기초연구는 연구 자체가 좋아 모인 사람들이 하는 일이다. 자기분야에서 세계적 기술을 개발해 존경과 명예를 얻는 것이 모든 연구원들의 꿈이다. 그런데 사업자들은 기존 기술의 문제점을 개선해 달라거나 당장 눈앞에 있는 기술 등 낮은 수준의 요구를 할 수밖에 없다. 관계사가 요구하는 목표를 달성한다고 하더라도 학회에서 발표할 만한 수준이 안 되기 일쑤였다. 한마디로 긍지와 자부심을 가질수 없는 환경이었다.

예를 들어 2세대 통신 특허의 기술 표준은 이미 선진국 차지였다. 관계사는 당장 이 기술이 필요해 기술원에 도움을 요청할 수밖에 없다. 하지만 연구원들로서는 정말 하고 싶지 않은 일이다. '어차피 3만 명 중 1,000명이다. 무슨 큰 변화가 있겠나' 하는 것이 부임 당시연구원들의 마인드였다. 조직을 뜯어고칠 계기가 절실했다.

"우리야말로 선대 회장의 초심·비전을 따라 보자. 원천 특허, 세계적 표준, 기업 가치를 뜯어고치는 기술 외에는 연구하지 마라. 앞으로는 이 세 가지만 묻고 요구하겠다. 아닌 것은 하지 마라." 이렇게 말하며 "3세대 통신을 연구해 보는 게 어떻겠느냐"고 물었다. 그랬더니 이구동성으로 "이미 선진국이 다 해 뚫고 들어갈 데가 없다"는 답이 돌아왔다. 이번엔 "그렇다면 4세대가 있지 않느냐"고 되묻자 "누구도 시작하지 않아 뭔지도 모른다"는 게 아닌가. '이거다' 싶었다. 누구도 시작하지 않은 기술에 우리가 처음 그림을 그리는 것이었다.

그렇게 해서 4세대 통신 태스크포스팀을 조직했다. 5년 후 삼성은 전 세계 4세대 통신의 선두주자가 됐다. 한국인은 예부터 도전적인 목표를 향해 힘을 모으면 무서운 저력을 발휘한다. 반면 후퇴 기미가 보이면 지리멸렬해지기 마련이다. 2세대 통신 기술에 불평불만이 많던 사람들이 4세대를 화두로 던지자 아이디어를 쏟아 냈다. 급기야 팀을 구성한 지 1년 만에 4세대 통신의 핵심인 안테나 특허를 낼 수 있었다. 긍정의 마인드만 쌓이면 엄청난 역량을 발휘하는 한국인의 특성이 고스란히 나타난 대목이다. 리더는 이렇게 평범한 과제가 아니라 '가슴이 뛰는 목표'를 줘야 한다.

높은 목표 한편으로는 위기의식을 고조시켰다. 그 일환으로 창업 이후 1998년 말까지의 기술 과제 130여 건을 분석했다. '우리가 개발한 기술이 정말 삼성에 도움이 됐는지'를 파악하고 관계사까지 찾아다니며 조사했다. 그러자 놀랍게도 긍정적인 답변은 18%에 그쳤다. 이러니 관계사에서 "기술원은 뭐하는 조직인가"라는 민망한 질책이 나왔던 것이다. 하지만 기술원 내부에선 '모두 성공했다'는 결론이 나왔다. 고객의 가치와 기술원의 눈이 이렇게 달랐다. 관계사는 적군과 목숨을 걸고 싸우고 있는데 기술원 사람들은 유원지에서 뱃

놀이하듯 연구·개발하고 있으니 누구도 좋아할 리 만무했다.

2001년에는 미래기술연구회를 발족했다. 앞으로 융합 기술의 시대가 도래할 것이란 인식에서 시작된 일이다. 새로운 융합은 다양한 기술에서 뛰어난 사람들을 모아 놓고 이들이 서로 교류하고 이해해야 시너지가 나온다고 생각했다. 삼성의 미래도 융합 기술에 달려 있었다.

기술 생태계가
동반 성장의 답이다

미래기술연구회 주도로 한국 최고의 전문가들을 회원으로 초청해 강연을 여는 등 교류에 나섰다. 나노·바이오·통신·컴퓨터, 심지어 건축이나 사회 전문가까지 20명 정도를 조직화했다. 당시 시작한 연구회 활동은 지금도 이어지고 있다. 삼성전자의 미래 리더들도 함께했는데, 당시 전무였던 이재용 사장도 연구회 멤버였다. 기술원의 기술 전문가들, 삼성전자의 최고 기술경영자들이 함께 참여해 이들과 교류했다.

서로 듣고 배우는 자리였던지라 참여한 사람 모두가 굉장히 좋아했다. 멤버들 모두가 자신의 분야에서 1등이었지만 다른 분야는 잘 몰랐다. 교류 자체를 굉장히 반가워하고 그런 장을 마련해 준 삼성에 고마움을 표시한 이유다.

삼성으로서도 다양한 분야에서 한국 대표들의 지혜와 지식을 나눌 수 있는 좋은 기회였다. 구체적인 프로젝트를 꾸미지 않아도 대한민국 각 분야 최고의 전문가들이 교류하여 한국이 융합 기술의 꽃을 피우는 데 굉장한 도움이 될 것이라고 생각했다.

이런 모임은 일종의 생태계를 만드는 일이다. 요즘 동반 성장·공생이 화두인데, 산업화 초기만 해도 모회사만 잘되고 하청 업체들은 수단을 제공하는 시대였다. 그야말로 하청 관계다. 그러다 '협력 회사'로 이름이 바뀌기 시작하면서 동반 성장이라는 인식이 자리 잡기 시작했다. 전자 산업으로 본다면 단순히 몇몇 기업의 성장뿐만 아니라 전자 산업 전체를 뒷받침하는 큰 생태계(클러스터) 전체를 올바르게 육성해야 한다는 개념이다. 그 구심점에 삼성 같은 큰 기업이 자리하고 있는 것이다. 건강한 생태계를 바탕으로 모기업이 크고 이를 통해 협력사도 발전하면 개인과 중소기업이 강한 시스템이 저절로 이뤄진다. 미래기술연구회도 융합 기술의 리더들이 서로를 이해해 생태계를 만들자는 개념이었다. 오늘날의 공생·동반 성장과 같다.

예를 들어 엔지니어를 육성하는 공과대학과 테크니션을 만드는 실업계 고등학교, 그리고 작은 중소기업부터 중견기업까지 생태계 속에서 잘 성장하고 발전하도록 하는 게 대기업의 역할이 돼야 한다. 이제는 혼자서만 지속 성장할 수 없다. 4세대 통신 연구를 시작할 때도 4개 대학의 교수들을 중심으로 한 대학당 20명 정도의 연구 인력이 참여하는 대형 산학협력 클러스터를 만들었다. 이른바 4세대 통신 생태다. 오늘날 한국이 통신 강국의 위상을 쌓을 수 있었던 직접적인 계기가 바로 이 산학협력 생태계였다.

세종대왕에게 배운
한국형 리더십

1994년 삼성전자 전략기획시장 시절 두 가지 과제를 생각하고 있었다. 이건희 회장의 신경영 전도사라는 별칭을 듣고 있는데 '질 위주의 경영'을 삼성전자 경영에 어떻게 접목할 것인가 하는 화두였다. 우선 일하는 방법을 선진 수준으로 바꾸어야 한다고 생각하고 프로세스 혁신(PI)에 총력을 기울였다. 또 하나는 모방의 체질을 어떻게 창조로 바꾸는가 하는 것이었는데 해결의 실마리를 잡지 못해 고심하고 있었다.

1995년 어느 날 우연히 성신여대 총장을 지낸 전상운 박사의《한국과학기술사》(1966)라는 책을 접하게 되었다. 책을 읽으며 세종시대 조선은 민족 역사상 가장 창조적인 시대였고 세계 첨단 기술 강국이었음을 알게 되었다. '우리나라에도 이런 창조적 혁신의 시대가 있었구나' 하며 감탄할 수밖에 없었다. 세종시대에 이뤄진 과학기술 혁신은 셀 수 없이 많았다. 훈민정음·자격루·신기전 등이 책 속에 자세히 소개돼 있었다. '책을 쓴 저자라면 세종이 어떤 리더십으로 이렇게 뛰어난 과학기술을 창조할 수 있었는지 그 방법론에 대해 연구할 수 있을 것이다'라는 데 생각이 미쳤다. 세종의 방법을 배울 수 있다면 우리도 창조적 혁신을 할 수 있겠다는 결론을 내렸다.

바로 수소문하여 전상운 박사를 직접 찾아갔다. "세종이 어떤 리더십을 발휘했기에 세계적인 창조 기술을 이끈 시스템과 문화를 만들 수 있었는지 연구해 달라"고 부탁을 드렸다. 마침 정년퇴임 후라 여유가 있다면서 "정말 중요한 일이라 생각해 왔다. 연구하고 싶은 내용이었다"며 흔쾌히 동의했다.

전 박사는 반년 가까운 연구를 통해 논문을 완성하였다. 이 논문은 내용은 전상운 박사의 새로운 저서《한국과학사의 새로운 이해》(1998)의 제1장 3절에 〈세종시대 과학기술의 새로운 조명〉이라는 제목으로 실려 있다. 전 박사는 논문 앞부분에 "이 연구는 삼성전자 기획 연구 과제로 이뤄진 것이다. 세종 대(代)의 과학기술에 남다른 애정을 가진 삼성전관 손욱 사장의 지원이 컸다"는 구절을 남겨 주셨다.

전상운 박사와의 만남은 세종대왕과의 운명적인 만남이 되었고 오늘날 세종 리더십 전문가(?)를 자처하게 되었으니 참으로 감사한 일이다. 삼성전관으로 옮겨 온 뒤 전 박사의 논문을 받았지만 새로운 회사의 프로세스 혁신 작업에 쫓겨 연구·개발 과정에 제대로 활용하지는 못했다. 세종의 리더십을 본격적으로 도입해 활용한 건 기술원에서였다.

1999년 기술원의 변화와 혁신을 위해 새로운 비전이 필요했다. 나는 다시 한 번 세종시대를 떠올리고 전상운 박사에게 도움을 청했다. "연구원들의 긍지와 자긍심을 자극하려면 우리 역사에 이런 시대가 있었다는 걸 보여 주어야 한다. 그런 기술들을 소개해 달라"고 부탁했다. 그렇게 해서 탄생한 것이 40가지 기술이다. 지금도 삼성기술원 벽에 붙어 있다. 예를 들어 '신기전'은 서양식으로 하면 로켓에 해당한다. 로켓은 신기전 이후 450년이 지나서야 다른 나라에서 등장했다. 측우기도 200년이나 앞선 기술이고 금속활자도 마찬가지다. 훈민정음·자격루 등 세계 최초의 혁신 기술이 모두 세종 대에 등장한 것이다.

이런 세계적인 기술들을 벽에 붙여 놓고 기술원 연구원들로 하여금 '우리도 저런 걸 해야 한다'고 생각하게 만들었다. 회의실의 이름도 '장영실방' '이천방' 등으로 바꿨고 세종 대의 천문기기도 진열했다.

내가 현재 진행하고 있는 '한국형 리더십' 연구도 세종의 리더십 연구에서 출발한다. '한국형리더십개발원'을 설립하고 이사장으로 일하는 것도 알고 보면 세종 덕택인 셈이다. 2007년부터 포스코의 후원으로 한국형 리더십 연구회를 매월 한 번씩 열고 연구 활동을 벌이고 있다. 매년 개최되는 심포지엄도 마찬가지다. 세종의 기술 개발 방식을 연구하다가 한국형 기술 경영(MOT, Management of Technology) 개념이 나오는 등 모든 연구 활동에 세종이 연관돼 있다. 세종과의 만남을 운명적이라고 여기는 이유다.

책이 넘치는 나라
행복한 나라의 시작

세종이 생각한 행복한 나라는 무엇이었을까. 첫째, 모든 백성이 지혜로워야 한다. 그러려면 책을 많이 읽게 해야 한다. 즉 교육이다. 백성을 교육시킬 책을 출판하기 위해선 필사나 목판만으론 부족했다. 세종은 이를 위해 궁궐 안에 주자소를 설치하고 금속활자 갑인자를 개발했다. 하루에 40벌씩 인쇄할 수 있는 고속 인쇄술을 왕이 직접 참여하여 개발한 것이다. 장서각에 책이 넘치도록 출판에 힘을 기울였다. 특히 모든 백성들의 교과서인《소학》은 1만 권이나 펴냈다고 한다. 당시 약 21만 가구가 있었던 것을 감안하면 오늘날의 기준으로 100만 권을 찍어 낸 것과 비슷한 수준이다. 자연히 나라 안에 책이 넘쳤다. 한자가 어려운 백성들을 위해 훈민정음을 만들기까지 했다.

관료나 학자들과는 끊임없이 토론했다. 재위 32년 동안 경연 횟수만 1,898회다. 토론을 거듭하면 전체 관료·학자들의 지식 수준이 올라가고 유능한 인재도 발탁할 수 있다. 서로 교류해 문제를 해결하니 시너지가 창출되는 건 당연했다.

세종이 꿈꾼 두 번째는 '행복한 사회'다. 이를 표현한 게 '생생지락'(生生之樂)이다. 첫 번째 생은 '생활'을 가리킨다. 두 번째 생은 '생업' 즉, 직업을 뜻한다. 풀어 쓰면 '생활과 일의 즐거움'이다. 모든 이들이 자기 삶과 일을 즐거워하며 살아가는 삶이 바로 생생지락이다. 백성들이 생업을 즐기게 하기 위해서는 기술을 개발하고 교육시키고 어려움을 해결해 줘야 한다. 세종은 수시로 백성을 만나 얘기를 듣는 등 소통을 중시했다. 이런 방식을 '삼통'이라고 하는데, 뜻과 말과 마음이 통한다는 의미다.

뜻과 말을 세워 일방으로 밀어붙이는 것이 아니고 백성과 관료의 마음이 통해야 했다. 상징적인 인물이 좌의정 허조다. 그는 분석력이 매우 뛰어난 인물이었다. 왕의 의견이라도 '안 되는 이유'를 구체적으로 제시하며 반대하는 일이 많았다. 그래도 세종은 허조를 무척 아꼈다고 한다. 반대하는 내용을 개선하면 성공으로 갈 수 있다고 믿었기 때문이다. 이렇듯 소통은 행복한 세상을 만드는 가장 기본적인 요소다. 요즘 들어 소통의 부재로 사회적 갈등이 많다고 한다. 소통에 따른 갈등 비용이 국내총생산(GDP)의 27%에 이른다는 연구 결과도 있다.

마지막은 '존경받는 국가'였다. 이는 외부로부터의 평가다. 세종 시대는 뛰어난 과학기술력이 있었고 정신문화도 꽃피웠다. 중국의 사신들도 "중국에 있다가 조선 땅에 들어오면 모든 사람들이 질서 있고 깨끗하고 예의바르다"며 세종을 칭찬하고 부러워했다. 여기에 막강한 첨단 무기로 국방력까지 갖춰 여진족을 몰아내고 압록강 국경을 확립했다. 왜구들이 단 한 번도 침범하지 못했던 때도 바로 세종 대다.

농업 기술을 개발해 농업 생산성이 400% 향상되었다는 기록이 있다. 곡간마다 양식이 넘쳐 남는 식량을 일본을 비롯해 이웃나라들을 도왔다. 왜구들은 한편으로 식량과 문화 지원을 받고 한편으로 강력한 해군력에 위협을 느껴 조선 해안을 비켜 다니게 된 것이다.

세종 대야말로 우리 역사를 통틀어 가장 신바람 나는 행복한 나라, 품격 있는 나라를 일군 시기였다. 백성은 지혜롭고 사회는 행복하고 존경도 받는 나라. 기업도 마찬가지다. 지혜로운 사원, 행복한 일터, 사랑받는 기업이 가장 바람직한 모습이다.

6.5

'펄떡이는 물고기처럼' 즐기며 일하게 하라

함께 연구하며 시너지를 내려면 가장 먼저 필요한 것이 열린 마음이다. 다른 이의 주장이나 기술을 받아들이는 것은 물론 자기 것을 열어서 보여 주고 함께하는 소통과 통합의 조직 문화와 리더십이 있어야 융합과 시너지 창출이 가능해진다.

연구원들은 각자 전문 기술 분야의 좁은 틀에서 연구만 하다 보니 이런 조직 문화와 거리가 멀다. 삼성종합기술원의 조직 문화를 어떻게 신바람 나고 행복하게 연구하는 문화로 이끌고 나갈 것인지가 기술원 부임 후 가장 큰 고민거리였다. 그래서 생각해 낸 것이 바로 '펄떡이는 물고기'론이다. 미국 시애틀의 조그만 어시장에 자리 잡은 생선 가게의 얘기다.

이 생선 가게는 일본인 2세가 아버지의 사업을 물려받아 운영하고 있었다. 그런데 아들, 즉 2세 경영자가 부임한 이후 리더십 문제가 불거지며 침체되기만 했다. 아버지 대부터 일했던 좋은 직원들이 떠나기 시작하자 문제는 더 심각해졌다. 가게는 점점 몰락의 길로 내려가고 사장은 사장대로 불안정한 상태에서 뭔가를 자꾸 강요하게만 됐다. 종업원들의 반발과 저항은 당연했다.

어느 날 이를 지켜본 사장의 누이가 좋은 컨설턴트를 소개해 주겠다고 제안했다. 그 컨설턴트는 "한 사람 한 사람의 잠재 역량을 발휘하게 하고 신바람 나게 시너지를 내는 조직 문화 없이는 망할 수밖에 없다"고 조언했다. 그러면서 "사장이 시키는 대로 하라, 왜 하지 않느냐며 다그치기만 할 것이 아니라 모두의 뜻과 지혜를 모아야 한다"고 충고했다. 이야기를 들은 사장도 이를 받아들였다.

가장 **유명한** 생선 가게 만들기

사장은 모든 직원을 한자리에 모은 후 저녁을 함께하면서 "도대체 어떤 가게가 돼야 신바람이 나겠느냐"며 직원들의 의견을 들었다. 처음으로 직원들과 함께 마음을 열고 서로 의견을 내는 자리가 만들어진 것이다. 저녁밥을 먹는 가운데 수많은 얘기가 나왔다. 그중 하나가 "세계에서 제일 유명한 생선 가게가 되자"는 아이디어였다.

공감했다고 해서 끝이 아니다. 구체적인 액션이 이어져야 했다. 이것 역시 직원들과 함께 상의했다. 결론은 '직원 각자가 생각한 가장 유명한 생선 가게가 되기 위한 방법을 실천하자'는 것이었다. 처음 시작된 건 손님에게 '아주 큰소리로 인사하기'였다. 이어 팔린 고기를 앞에서 뒤로 던지며 "○○에서 ○○로 대구 한 마리 갑니다. 오징어 다섯 마리 갑니다"라고 큰소리로 외쳤다. 우리말로 하면 '평양에서 대구 갑니다' 하는 식이다.

큰소리로 웃으며 일하자 일 자체가 즐거워지기 시작했다. 예전 같으면 그저 일에 불과했던 생선 주고받기가 이후로는 마치 캐치볼을 하듯이 재미있어졌다. 공놀이 하듯 생선을 종이로 받고 춤추듯, 놀이하듯 즐겁게 일하는 생선 가게로 변하기 시작한 것이다.

그렇게 어느 정도 시간이 지나자 가게 앞에 구경꾼들이 몰리기 시작했다. 당연히 장사가 잘됐다. 엄마를 따라온 아이들을 즐겁게 해주기 위해 봉투에 예쁜 생선도 나눠 주고 맛있는 간식도 주었다. 아이들이 좋아하니 엄마도 가게를 찾는 횟수가 늘게 됐다. 그렇게 끊임없이 아이디어를 내며 즐거운 일터를 만들어 나갔다. 결과는 어땠을까. 직원 전부가 주인이 되는 놀라운 변화가 일어났다. 비린내 가득하고 짜증만 나는 일이 어느새 세상 무엇보다 즐겁고 재미있는 일로 바뀌게 된 것이다.

그러던 어느 날 전화 한 통이 가게로 걸려 왔다. 시애틀에 살던 어린아이가 미네소타로 이사해 큰 병원에 입원했는데, 아이가 "생선 가게 아저씨들이 보고 싶다"고 조른다는 사연이었다. 어머니의 전화를 받은 직원들이 위문 공연을 제안했다. 값비싼 항공료는 사장이 내줬다. 생선 대신 물고기 인형을 준비한 직원들은 미네소타의 병원으로 날아가 가게 풍경을 그대로 재연했다. 이런 사실이 알려지면서 지역 방송국과 신문사가 찾아와 취재했고 결국 전국 방송으로까지 확대됐다. 시애틀의 재미있는 생선 가게가 하루아침에 미국에서 가장 유명한 생선 가게가 된 것이다.

'물고기 운동'이
연구원들도 바꾸다

연구원들은 자신만의 연구에 깊이 빠져 있는 경우가 많다. 다른 기술에 별 관심이 없고 즐겁게 일한다는 개념도 부족하다. 이를 바꾸기 위해《펄떡이는 물고기처럼》이라는 책을 사서 읽게 하고 토론도 가졌다. 그러자 책을 읽고 감명 받은 '청년중역회' 위원들이 해외 연수 계획을 짜 왔다. 시애틀에 들렀다가 오겠다는 것이었다. 책을 읽고 토론만 하게 내버려 뒀더니 직원들 스스로 변화를 결정하기에 이른 것이다.

청년중역회는 각 조직의 대표자로 이뤄져 있다. 이들 위원들이 자신이 속한 조직을 설득하기 시작했다. 이것 역시 자발적인 변화였다. 그중 제일 먼저 변한 곳이 분석센터(AE)다. 분석센터는 시료를 받아 성분을 분석해 결과를 통보해 주는 게 업무다. 그러다 보니 '남의 것만 처리해 주는 하청 업체'라는 인식이 다분했다. 스스로 목표를 세워 연구하는 게 아니기 때문에 가치가 떨어지고 동기부여도 힘든 대표적인 부서였다.

그런데 이들이 펄떡이는 물고기 운동을 하면서 바뀌기 시작했다. "노벨상 수상자를 보니 분석실 출신이 많더라. 단순한 분석이라고 여기면 재미없지만 다양한 연구를 가능하게 하는 과제를 갖고 오니 얼마나 즐거운 일이겠나. 연구한다는 마인드로 깊이 있게 접근하자." 이런 정신으로 연구에 임하니 분석 성과가 좋아지는 것은 물론이고 프로세스도 개선됐다. 관계사와의 관계도 좋아지고 점점 신바람 나는 조직으로 변해 갔다. 연구원들 스스로 '대한민국의 노벨상은 여기서 나온다'는 표어까지 써 붙여 놓을 정도였다.

통계를 내 보니 물고기 운동 전에는 분석 의뢰를 받아 결과가 나오기까지 평균 한 달이 걸렸다. 그런데 운동 후에는 채 1년이 안 돼 불과 3일로 줄었다. 관계사가 좋아하는 건 당연했다. 관계사마다 서로 더 좋은 설비를 분석센터에서 살 수 있도록 도와주기까지 했다. 일도 3배까지 늘고 관계사에서 칭찬이 자자해졌다.

분석센터의 변화는 다른 부서로까지 이어졌다. 슈퍼컴퓨터를 운용하는 CSE(Computer Simulation Engineering) 센터였다. 센터는 5개 그룹, 50명의 전문가로 이뤄져 있었다. 하지만 한국 최고의 슈퍼컴퓨터를 보유하고 있었음에도 가동률과 성과가 점점 떨어지기만 했다. 연구 성과가 수준에 못 미치니 관계사도 외면하기 일쑤였다. 왜 그랬을까.

문제를 받으면 5개 팀이 힘을 모아야 하는 게 당연했다. 하지만 한 팀에서만 해결해 제대로 된 답이 아닌 것을 내놓았던 것이다. 자연히 결과에 대한 불평이 쏟아졌고 안에 있는 사람들끼리도 서로 비난하기에 바빴다.

급기야 젊은 연구원들이 모여 "우리도 바꿔 보자"고 나섰다. 기술 융합을 위해 자리부터 바꿨다. 한 팀에서 한 명씩 뽑아 5명씩 새로운 복합팀으로 개편한 것이다. 이들이 매일 점심도 같이 먹고 회식도 같이하고, 심지어 영화도 같이 봤다.

얼마 지나지 않아 성과가 나타나기 시작했다. 과제가 주어지면 5명이 서로 머리를 맞대고 해결책을 제시했다. 비로소 정답이 나오기 시작한 것이다. 불안한 마음에 과제를 의뢰했던 관계사는 기가 막힌 답을 보며 점점 의뢰 일감을 늘렸다. 그러자 얼마 되지 않아 컴퓨터 가동률이 100%에 이르렀고 설비를 늘려 달라는 말까지 나왔다. 업무량도 3배까지 늘어났다. 연구 인력이 꽉 차 관계사 사람들까지 파견을 나올 정도가 됐다. 어둡고 침울하기만 했던 CSE센터는 항상 싱글벙글한 사람들로 북적이는 공간으로 변화했다.

자신의 일을 즐기는 문화, 이것이 바로 펄떡이는 물고기 이론이다. 조직 문화가 변하니 기술원의 성과가 높아진 것은 당연했다. 한국인은 역량이 뛰어나고 머리도 좋아 자발적으로 움직이게 해야 한다. 그런데 아쉽게도 아직은 조직 문화와 리더십에 대해 관심을 갖는 경영자들이 많지 않다. 중소기업이 중견기업으로, 중견기업이 대기업으로 커 가는 결정적 요소가 바로 조직 문화인데 말이다.

소통이 곧 결과다
'와글와글 미팅'

기업의 혁신과 성장을 이끌 연구 방법론을 배우기 위해선 이를 잘 실천하고 있는 선진 기업을 찾아가 보고 듣고 실천하면 된다. 삼성도 과거 일본의 일류 기업을 배우고 이들과 협력하는 것이 중요한 전략이었다. 소니·도시바·히타치·도요타·캐논·닛폰덴소 등과 같은 기업을 방문하고 실무자 미팅 등을 통해 연구 방법론도 서로 교류해 왔다.

일본의 연구소들은 일본식 방법론으로 혁신을 추진했다. 미국과는 많이 달랐다. 문화의 차이 때문이다. 우리는 어차피 거의 모든 기술이 일본 것을 바탕으로 하고 있었다. 그런데 연구원 중에는 많은 수가 미국에서 공부한 이들이었다.

'미국과 일본의 장점, 여기에 한국의 문화를 융합해 우리 것을 만들면 일본을 이길 수 있지 않겠나' 하는 데 생각이 미치는 건 어찌 보면 당연했다. 그래서 삼성종합기술원의 연구·개발 방법론은 일본과 서구 방식이 섞여 있었다. 바로 한국 특유의 '곰탕·비빔밥론'이다.

일본에서 배운
조직 문화 혁신

우리의 기업·조직 문화에서 제일 부족했던 것 중 하나가 토론 문화다. 세종대왕은 집현전 학자들과 새로운 기술, 국가 경영 시스템 등을 주요 안건으로 밤낮없이 토론을 벌였다. 조상들은 이미 600년 전에 가장 성공한 조직 문화 모델을 만들어 활용한 것이다.

특히 '경연'이 매우 활발했는데, 이는 임금과 관리, 학자가 모여 앉아 학문을 논하고 국정을 토론하는 자리였다. 토론을 통해 국가 전체의 지식수준이 올라갔고, 우수한 인재를 발탁하고 기술자들끼리 융합해 시너지를 낼 수 있었다.

왕이 토론을 중요하게 여기며 이끄니 전국 방방곡곡에 이런 문화가 퍼졌다. 그런데 지금의 우리는 어떤가. 어느 때부터인가 훌륭한 전통이었던 토론 문화를 잃어버린 채 권위적인 문화로 바뀌었다. 톱다운의 단순한 문화로 바뀐 것이다. 이런 상황에선 개개인의 잠재역량이 발휘되지 않고 조직 전체의 지혜도 모이지 않는다. 이러니 동기부여가 있을 수 없다.

도요타와 캐논을 견학하고 제일 감탄했던 것이 바로 '와글와글 미팅'이다. 과거 일본의 능률협회가 '도대체 왜 일본의 생산성이 떨어지는가'를 연구한 적이 있는데, 결론은 토론의 부재였다고 한다. 반면 미국인들은 어려서부터 가정에서도 토론을 벌이는 데 익숙하다. 학교 수업도 역시 토론으로 진행된다. 한 사람 한 사람의 의견을 존중하기에 자신의 의견을 개진하는 데도 거리낌이 없다.

그런데 동양적 사고에서는 나와 다른 얘기를 하는 사람을 내 생각에 반대하고 거부한다고 인식하는 경우가 많다. 일본도 마찬가지다. 아예 얘기하지 않는 경우가 많다. 알아도, 몰라도 말 자체를 안 하는 것이다. 토론과 말하기를 좋아하는 미국의 조직 문화에선 서로 뭘 알고 모르는지 자연스럽게 알게 된다. 그러다 보니 시너지가 창출되는 것이다.

'이런 문화를 일본도 배우자'고 해서 탄생한 것이 와글와글 미팅이었다. 서로 자유롭게 떠들면서 토론하자는 것이다. 전문 용어로 바꾸면 KI 미팅(Knowledge Intensive)이다. 구체적인 방법을 보자. 제일 먼저 하는 건 벽에 자기 의견을 붙이고 공유하게 하는 것이다. 말하는 것은 어렵고 쑥스러워도 쓰는 건 거부반응이 적기 때문이다. 그리고 이를 설명하는 과정에서 자연스럽게 토론이 이뤄진다. 삼성기술원에서도 이를 도입했다. 일본에서 KI 미팅을 창시한 분을 초청해 교육도 받았다. 직접 도입해 보니 놀라운 성과가 나타났다. 개발 기간, 시간, 비용이 모두 30% 이상 줄어드는 성과를 거둔 것이다. 지금은 포스코가 이를 도입해 활용하고 있다. 세계 최고의 자동차 강판을 만드는 원동력 가운데 하나다.

기술원의 조직 문화를 바꾸는 방법론 가운데 다른 하나는 오픈 마인드였다. 이를 위해 모든 연구실을 열린 연구실로 바꾸자고 제안했다. 그전까지 모든 연구실의 문은 육중한 철제문으로 돼 있었다. 연구실 안에도 높은 칸막이가 쳐 있어 내부 소통마저 어려운 분위기였다.

우선 몇몇 연구실의 문을 투명한 유리로 바꿨다. 처음에는 산만하다 뭐다 해서 반대도 많았다. 하지만 이후 조금씩 분위기가 밝아지고 소통도 잘되기 시작했다. 나중에는 "왜 우리 연구실은 안 바꿔 주느냐"라는 말까지 나올 정도였다. 인식이란 때로 순식간에 바뀌기도 한다.

창의는 **자유롭게 떠들 때** 나온다

소통을 위한 '커피 브레이크'도 만들었다. 일할 땐 최대한 집중하고 중간에 적절한 휴식 시간을 챙기자는 의미다. 최대한 안락한 분위기에서 소통할 수 있도록 휴게 공간도 많이 만들었다.

그 이후 농심에 근무할 때 일본의 조미료 제조업체인 아지노모토를 방문한 적이 있었는데, 굉장히 특이하고 인상 깊은 광경을 볼 수 있었다. 연구실은 굉장히 좁게 쓰면서도 복도는 마당처럼 넓었던 것. 복도 옆에는 예쁜 조경과 뛰어난 전망이 갖춰져 있었다. 왜 이렇게 복도가 넓은지 이유를 물으니 "창의는 뭘 하자고 해서 나오는 게 아니라 우연히 나온다. 우연은 대화를 통해 나온다. 화장실에 가다가 누군가를 만나 차 한 잔을 하거나 오가며 수다를 떨다가 떠오르는 착상이 바로 창의다. 그런 공간이 넓고 쾌적하고 편리해야 한다"는 답이 돌아왔다. 그러고 보니 넓은 복도에 탁자나 컴퓨터 등이 갖춰져 있었다. 그때그때 생각나는 창의적인 아이디어를 바로 활용할 수 있도록 만든 배려였다.

당시는 회사마다 금연 운동을 시작할 무렵이었다. 반도체의 경우 담뱃재는 치명적이어서 회사 울타리 안에선 절대로 못 피웠다. 그런데 반도체 경계선 바깥은 기술원이다. 울타리도 없다. 때마침 반도체와의 협력 강화를 고심할 때였다. 물론 기술원도 건물 안에서는 금연이었다. 이들을 위해 건물 밖에 편리하고 안락한 장소를 만들자고 계획했다. 그러면 반도체 사람들도 자연스럽게 오게 될 것이란 계산에서였다. 실제로 반도체 직원들은 이 공간을 즐겨 찾았다. 봄가을에는 뜰에서 도시락을 먹으며 소통하는 도시락 데이도 만들었다.

이후 기적 같은 일이 벌어졌다. 한 연구팀이 몇 년간 열심히 연구한 과제가 있었는데, 막판에 큰 차질과 위기를 맞게 됐다. 더 이상의 아이디어도 고갈된 상태였다. 그전 같으면 포기하고 말았겠지만 이들은 새로운 발상을 실행에 옮겼다. 기술원에 1,000명이나 되는 훌륭한 연구원들이 있으니 우리 연구실만이 아니라 1,000명의 지혜를 구하자는 것이었다.

"○○연구실을 ○월 ○○일 점심시간에 오픈한다. 방문한 분들께 맛있는 점심과 음료를 제공한다"는 공지를 올렸다. 그리고 연구실

벽에 그동안 진행해 왔던 과제와 연구 실적, 실패 사례 등을 자세히 써 붙여 놓았다. 실제로 연구실을 방문한 사람들에게 이를 자세하게 설명했다. 그러자 40명 정도가 참여해 진지한 토론이 이뤄졌다. 결과는 대성공이었다. 단 몇 시간 만에 떠오른 아이디어가 몇 년 동안 고심한 것보다 더 뛰어난 해결책을 만들어 낸 것이다. 이를 바탕으로 특허를 얻는 등 관련 연구는 성공을 거뒀다. 그 후 열린 미팅은 기술원 안에서 유행이 됐다.

일본은 KI 미팅을 통해 세계적 기업으로 성장하는 동력을 얻었다. 그런데 KI 미팅 같은 방법이야말로 한국인에게 가장 적합한 방법론이라는 게 나의 생각이다. 서로 소통하며 창의력을 자극하고 융합과 시너지를 창출하는 문화…. 한국 사람은 예로부터 소통만 잘되면 엄청난 결과를 이루어 왔다. 이를 증명하는 이가 바로 세종이다. 하지만 아쉽게도 지금은 소통을 연구하고 보급하는 문화가 많이 부족한 실정이어서 안타깝기 그지없다.

일본 기업 몰락의 이유,
리더십과 변화의 부재

지난 2003년 당시, 일본 산요전기의 이우에 사토시 회장이 이건희 회장의 초청을 받아 삼성을 방문했다. 이우에 회장은 삼성종합기술원도 찾아왔다. 산요는 삼성전자의 역사에 없어서는 안 될 파트너였다. 삼성전자 창업 때부터 이미 '삼성산요전기 주식회사'라는 합작회사를 설립했던 것이다. TV만 조립해 수출하는 특화된 회사였다. 삼성의 전자 산업 시작에 산요의 도움은 결정적이었다고 말할 수 있다.

내가 1975년 삼성전자 부임 후 처음 배치받은 곳이 냉장고 사업팀이었다. 난생처음 냉장고를 만드는 회사로서는 당연히 기술 파트너가 필요했다. 이때도 역시 많은 기술을 산요로부터 도입했다. 많은 직원들이 직접 산요를 방문해 연수도 받고 기술 자료를 도입해 냉장고 생산을 시작했다.

산요는 이렇듯 TV·냉장고 등 삼성전자 가전 사업의 가장 중요한 협력 파트너였다. 에어컨도 산요와의 기술 협력으로 생산했고, 삼성전기라는 부품 회사도 원래는 '삼성산요파츠'라는 이름으로 1973년에 설립됐다. 아무 것도 가진 것이 없는 기업에 기술을 전수하고, 사원 연수를 제공해 기업을 육성하는 데 크게 기여한 인물이 바로 이우에 회장이었다.

이우에 회장이 방한한 2003년은 삼성과 산요가 처음 파트너십을 맺고 일한 지 약 30년 정도가 흐른 뒤였다. 그런데 이미 삼성전자는 글로벌 정상 기업으로 도약해 있었고, 산요는 점점 경영 상황이 어려워져 고전을 면치 못하던 때였다. 이우에 회장 입장에선 격세지감이 컸을 것이다.

이우에 회장은 '삼성의 성장 비결은 무엇이고, 산요는 왜 쇠퇴했는가'를 생각하며 만감이 교차하던 차에 "삼성은 종합기술원이 있어서 앞서 가는 기술로 경쟁력을 갖게 됐다"는 얘기를 듣고 기술원을 찾게 되었다. 하나의 기업이나 리더가 어떤 꿈을 가지고 경영을 하는가, 그리고 구성원들의 잠재 역량을 마음껏 발휘할 수 있도록 리더십·조직 문화·전략적 의사결정을 어떻게 하는가를 배우기 위해 삼성을 찾은 것이다. 불과 30년 전만 해도 스승 같았던 회사 산요는 결국 마쓰시타에 흡수합병됐다. 반면 한 회사는 제로에서 시작해 세계 일류 기업으로 성장했다. 두 기업의 차이는 무엇이었을까. 요약하면 리더십과 기술 혁신의 결과다.

산요는 원래 가전으로 시작한 기업이다. 그러다 점차 2차전지 등 부품 분야에 힘을 기울였다. 하지만 종합 전자 회사로 변신하는 데는 실패했다. 마쓰시타는 1980년대 들어오면서 '이대로 가면 안 된다'고 판단해 종합 전자 회사로 변신하기 시작했다. 고노스케 회장은 "아날로그 시대의 방향으로는 미래가 없다"며 틀을 바꿨다. 시작은 리더를 바꾸는 일이었다.

산요와 삼성이 다른 점은

고노스케 회장은 20여 명의 임원진 가운데 가장 신참인 야마시타를 사장으로 발탁하며 오래된 중역들을 다 내보냈다. 야마시타는 가전 부문에서 에어컨의 글로벌 경쟁력을 이끈 변화의 리더였다. 고노스케는 '야마시타가 10년은 사장을 해야 한다. 그래야 체질을 바꿀 수 있다'고 믿고 그렇게 전권을 맡겼다. 그러고는 매주 독대하며 경영을 직접 챙겼다고 한다.

리더가 어떤 생각을 하고 있고, 어떤 방향과 목표를 향해 가는지는 기업의 사활에 가장 중요한 요소다. '마쓰시타는 어떤 회사가 되고, 그걸 위해 무엇을 어떻게 해야 하나'를 가장 중요한 덕목으로 삼은 이가 바로 고노스케 회장이었다. 코칭 전문가들이 제일 먼저 묻는 질문이 바로 '나는 누구인가'이다. 그 다음이 '어디로 가려 하나'

이고 마지막이 '어떻게 도달할 것인가'를 코칭한다. 기업도 마찬가지다. 심플하지만 가장 중요한 핵심 질문이다.

야마시타는 일주일 동안 활동한 것을 전부 녹음하고 채취해서 고노스케 회장에게 보고했다. 고노스케는 야마시타의 보고를 들으며 어떤 점은 동의하고 칭찬하고 또 어떤 점은 지적하고 조언하는 등 멘토링을 통해 리더로 키워 갔다. 그렇게 3년이 지난 후에야 전권을 믿고 맡겼다. 삼성의 이병철, 이건희 회장의 리더십도 같다. 삼성이 어디로 가고, 어떻게 갈 것인지 가장 선두에 서서 치열하게 고민한 이들이 바로 두 회장이다.

안타깝게도 산요에는 그런 방향성이 없었다. 산요가 몰락한 이유다. 특히 아날로그에서 디지털로 변화하는 시점에서 리더십을 제대로 발휘하지 못했다. 가전산업에서 종합 전자 회사로 가는 핵심 역량을 키우지 못한 것이다. 이것이 이우에 회장으로 하여금 기술원을 돌아보게 한 계기였다.

당시 산요는 차세대 에너지 사업으로 오랫동안 연료전지 사업을 추진하고 있었다. 2차전지에서는 글로벌 1, 2등을 차지하는 성과를 내기도 했다. 하지만 그룹 전체의 힘이 약해지니 추진력이 떨어지고 있던 차였다. 20여 년간 축적된 기술을 묻히기에는 너무 아까웠기에 삼성에서 먼저 공동 개발을 제안했다. "30년 전 협력했던 정신으로 함께하자"는 제안이었다. 그리고 이를 기술원과 산요가 공동 협력하는 것으로 계약을 성사시켜 추진했다.

하지만 이미 너무 늦은 감이 많았다. 결국 얼마 안 가 산요의 연료

전지 부문은 마쓰시타로 인수됐다. 이를 지켜보며 정말 안타까워했던 기억이 있다. 경영자가 리더십을 가지고, 올바른 타이밍에 컨설팅을 받아 변화를 이룩하는 게 얼마나 중요한 일인가를 다시 한 번 깨닫게 해 준 사연이다.

한·일 양국이
힘 합쳐야

NEC는 컴퓨터와 통신, 즉 C&C(Computer & Communication) 시대를 연 세계적 기업이다. 삼성도 이들에게 진공관·브라운관 기술을 전수받아 삼성전관을 창립했다. 그 뒤에는 컴퓨터 사업도 협력했다. 다른 기업에서 IBM을 쓸 때 삼성SDI만 NEC 컴퓨터를 쓸 정도였다. 양 사의 끈끈한 관계는 삼성·NEC 교류회까지 만들 정도로 오랜 기간 지속되었고, 삼성 측 대표를 내가 맡기도 했다.

양 사의 협력 회의 중 가장 인상 깊은 것이 반도체 부문이다. 당시만 해도 반도체 기술의 왕자는 누가 뭐래도 NEC였다. 당연한 얘기지만 삼성은 후발 주자다. 그런데 협력 회의에 가 보면, NEC는 나이가 많은 분들이 죽 둘러앉아 있고, 삼성은 젊은 연구원들이 대부분이었다. 흡사 스승과 제자 같은 모습이다. 그런데 신기하게도 교류회가 거듭될수록 삼성 쪽의 개발 속도가 눈에 띄게 빨라졌다. 한 사람 한 사람 기술자의 역량을 비교해 보면 NEC가 훨씬 깊은 기술과 전문성을 가지고 있었다. 그런데 제품 개발은 삼성이 빨랐던 것이다. 이유가 무엇이었을까. 흔히 "한국 사람은 협력할 줄 모른다. 모래알 같다"고 얘기한다. 하지만 내 생각에는 일본인보다 오히려 협력을 잘하는 게 한국인이다.

일본은 장인정신, 탐구정신이 있어 한 분야에 매우 깊숙이 파고들어간다. 그 분야에는 깊은 전문 지식 쌓을 수 있다. 반면 다른 분야에는 관심이 없다. 즉 시너지 창출이 어렵고, 융합이 안 되는 것이다. 반면 한국인은 한 분야에는 약하지만, 다른 분야에 대한 호기심과 관심이 많아 서로의 분야에 대한 이해도가 높다. 방향과 목표에 대한 공감대만 형성되면 똘똘 뭉쳐 시너지를 창출하는 게 한국인이다. '모래알 같다'는 평은 일이 잘 안 될 때, 후퇴 시, 안일할 때의 모습일 때가 많다. 그러나 도전적인, 가슴이 뛰는 높은 목표를 향하면 기존의 어려움은 다 잊고 융합과 시너지를 창출하는 독특한 특성이 있다. 메모리 반도체에서 세계 제일이 되겠다는 목표 아래 똘똘 뭉친 것이 좋은 예다.

한국 사람들의 이런 좋은 특성들을 가장 잘 파악하고 경영에 활용한 기업이 삼성이라고 생각한다. 일본이 오늘날 어려워진 건 바로 변화의 리더십을 갖지 못해서가 아닌가 싶다. 앞으로는 중국이 끊임없이 성장해 세계적인 경제 대국이 되는 게 명약관화하다. 그 다음은 인도로 글로벌 힘의 균형이 옮겨 갈 것이다.

이런 국제 상황에서는 한국의 힘만으로 능동적으로 대응하기 힘들다. 한국의 강점과 일본의 강점이 합쳐져서 시너지를 창출하도록 한·일 협력을 어떻게 강화할 것인가가 굉장히 중요한 화두다. 일본의 전자 회사들은 지금 변화를 갈망하고 있다. 이들은 깊은 수준의 기초 기술도 보유하고 있다. 한국은 전문성은 약하지만 글로벌 활동을 위한 에너지가 충만하다. 양국의 원로들이 자리를 같이 해서 심도 깊은 토론을 해야 한다. 여기서 좋은 방향이 잘 도출되면 21세기 글로벌 힘의 균형에서 당당히 한자리를 차지할 것이다. 중국 입장에서는 일본, 한국을 따로따로 손바닥 위에 올려놓고 다루고 싶을 것이다. 그러나 일본과 한국이 힘을 합치면 한 손바닥 위에 올려놓기는 결코 쉽지 않을 것이다.

사람을 바꾸는 리더십,
삼성인력개발원장 시절

2004년 1월, 나는 5년간의 기술원 생활을 마감하고 삼성인력개발원장으로 부임했다. 인력개발원은 초기부터 부원장 체제로 운영되어 왔으므로 최초의 원장인 셈이다. 그 이후로 다시 부원장 체제로 돌아갔으니 아직까지는 전무후무한 기록이다.

무언가 근본적인 문제를 해결하고 싶었다. 그래서 제일 먼저 관심을 가졌던 것이 '왜 대학까지 나온 사람이 회사에 들어와도 3년이 지나서야 한 사람 몫을 할 수 있는가?'였다. 미국에서는 졸업 후 바로 기업 활동에 뛰어들어도 적응에 별다른 문제가 없다. 하지만 우리는 2~3년씩 교육을 해야만 했다. 중소기업이나 대기업 할 것 없이 수천만 원에서 1억 원 넘게 재교육에 투자하고 있다. 삼성도 마찬가지다. 우선 1년씩 개선해 보자. 3년 걸리는 것을 2년으로 줄이고 2년 걸리는 것을 1년으로, 그리고 입사하면 바로 쓸 수 있는 단계까지 개선해 보자고 생각했다.

그래서 추진한 것이 신입 사원 교육 프로그램을 개선하는 식스시그마 프로젝트였다. 해마다 뽑는 신입 사원들을 제일 처음 교육하는 곳이 바로 인력개발원이다. 학교와 기업 사이의 변화를 이어 주는 중간 다리 역할이므로 우선 신입 사원 교육과정을 개선하고 그리고 관계사의 기업 내 교육 프로그램을 개선하고 나아가 기업이 요구하는 대학 졸업생의 기본 자질에 대하여 대학에 요구하고 긴밀하게 협력해야 한다고 생각했다.

우선 각 회사가 필요로 하는 요구 수준을 체계적으로 수집하여 분석하고 신입 사원들의 자질을 통계적으로 분석하여 최적의 교육과정을 개발하는 것이 첫 단추가 될 것이라 판단했다. 대단히 복합적인 문제이므로 1, 2년에 근본적으로 해결될 일이 아니다. 그러나 누군가 시작해야 하고 지속적으로 하다보면 언젠가 목표를 달성할 수 있을 것이다. 특히 중소기업의 경쟁력 문제의 대부분이 인력에 있고 그 핵심이 대졸 신입 사원들의 자질 문제임을 심각하게 생각한다면 하루가 시급한 문제기도 하다.

식스시그마 프로젝트 1단계가 끝나고 우선 신입 사원 교육 내용을 개선했다. 가장 중요한 문제가 커뮤니케이션 능력이었다. 그리고 팀워크와 공동체 의식이다. 전문 능력은 부족하지만 일하면서 배울 수 있다. 그러나 의사소통이나 팀워크 같은 것은 어려서부터 몸으로 체득해야 하는 것이므로 대단히 중요한 문제다.

어디를 가나, 무엇을 하나 원점에서 생각하는 것이 중요하다. 그 저 연수시키고 교육하는 게 다가 아니다. 단순한 오리엔테이션 정도 의 개념과 신입 사원의 역량·특성을 분석해 부족한 것을 찾고 체계 적으로 교육·보완하는 것은 질적으로 다르다. 그리고 이를 계속 분 석하고 연구해 3년에서 2년, 1년, 즉시로 심화했다면 대한민국 교육 의 생태계가 변화하는 계기가 되지 않았을까.

삼성을 비롯하여 다수의 기업들이 함께 참여하여 지혜를 모으면 나라의 교육 시스템을 바로 세울 수 있다고 생각한다. 대학이나 대 학생들은 각 기업들이 어떤 인재를 선호하는가에 신경을 집중하고 있기 때문이다. 영어 회화 시험이 시작된 후 대부분의 지원생들이 해외로 어학연수를 다녀오고 있다는 사실에서도 확인할 수 있다. 전 경련 같은 곳에서 교육에 더 관심을 가지고 이러한 연구 노력에 힘 을 모으면 큰 힘이 될 것이다. 기업은 사람이라는 믿음을 실천하는 길이고 중소기업을 살리는 지름길이기도 하다고 믿는다.

삼성 신입 사원들은 입사 1년 후 평창에 모여 '수련회'를 다시 연 다. 7,000~8,000명 수준이다. 이곳에는 교육 담당도 모두 모여 잔치 를 치르듯 흥겨운 분위기가 이어진다. 1년 동안 수고했다는 축하의 의미다. 계열사 사장들도 모두 참석해 굉장히 성대하게 치러진다. 나 도 행사에 참석해 관계자들에게 이런 질문을 던진 적이 있다. "잔치 하는 이유가 뭐냐. 수고·격려·칭찬으로 그치는 것이냐. 신입 사원

입장에선 맞다. 하지만 교육자 입장에선 그것만으론 안 된다."

이건희와 잭 웰치는 다르다
한국형 리더십을 찾다

신입 사원 교육을 마친 후 각 계열사로 보내 1년이 지나면 어느 회사 신입 사원들이 역량을 발휘하고 발전했는지 비교 분석하는 작업이 이뤄져야 한다. 그렇게 해서 최고의 교육 방법론, 최악의 사례를 발굴해 교훈을 찾아야 하는 것이다. 수련회는 어느 회사에서 어떻게 육성했고 어느 회사에서 신입 사원들이 역량을 발휘하고 빠르게 적응하는지 분석하고 반성하고 깨닫는 학습의 장이 돼야 한다는 게 지금도 나의 생각이다. 그렇게 해서 잘하는 곳을 벤치마킹하고 못하는 곳은 더 노력해 배우고 연구해야 한다. 이런 목적의식, 개선 의식을 가져야 한다는 것이다.

당시 리더십 관련 교육을 체계화하면서 한국에서 최초로 체계적인 리더십 양성 과정을 만들게 됐다. 제너럴일렉트릭(GE)의 시스템을 많이 참고했는데, 실제로 GE의 컨설턴트를 초빙해 프로그램을 설계하기도 했다. 그런데 이를 진행하다 보니 모든 것이 다 서구의 교육과정이었다. 미국과 유럽의 이론과 교재가 바탕이 된 것이다. 그때 비로소 의문이 생겼다. 한국인의 특성과 생각이 서구와 다른데 이를 그대로 도입하는 게 효과적인가. 우리나라는 지식 창조 사회의 대표적 리더인 세종이 있는데, 왜 교육에는 접목되지 않았나. 이런 의문에 답을 준 분이 국민대의 리더십 전문가인 백기복 교수였다. 백 교수는 이후 세종의 '마음 경영'에 대한《대왕세종》(2007)도 쓰고 한국형 리더십 연구의 중심으로 활동하는 분이다.

그때부터 한국형 리더십은 달라야 한다고 생각하게 됐다. 잭 웰치와 이건희는 분명 차이가 있다. GE식이 과연 한국에 맞는지 물어보면 답은 '아니다'다. 한국인은 진돗개와 비슷해 위기가 오면 기적 같은 일을 이룬다. 또 한국인은 감성적이고 서구는 논리적이다. 한국인은 마음으로 통하고 승복하지 않으면 진정한 힘을 내지 않는다. 그렇다면 한국에 맞는 리더십이 따로 있는 게 아닐까. 그 DNA를 분석하고 전파해 각 분야에서 한국형 리더십이 살아 움직여야 한다. 그렇게 된다면 대한민국은 세계적 일류 국가가 될 수 있다고 생각한다. 분명히 그렇게 될 것이다.

한류4.0을 위한 혁신
'행복나눔125' 운동

현재 필자는 한국형리더십연구회장, 한국형리더십개발원 이사장으로 활동하며 리더십 연구와 보급에 힘쓰고 있다. 한국형리더십개발원의 목표 중 하나는 한국형리더십연구소를 대학에 세우는 것이다. 하버드 케네디스쿨을 한국에도 세우자는 꿈이다. 1936년에 설립된 케네디스쿨은 세계적인 공공 정책 전문대학원이다. 당시 대공황을 겪은 미국의 오피니언 리더들은 모든 문제의 원인을 공공 리더십의 부재에서 찾았다. 이들이 돈을 모아 하버드대에 주고 퍼블릭 리더십을 연구해 달라고 부탁했던 것이다.

오늘날 케네디스쿨은 전 세계의 리더들이 한 번씩 거쳐야 하는 필수 코스가 되었다. 반기문 유엔 사무총장도 이곳에서 공부했다. 전세계 리더들의 네트워크가 이곳에 뿌리를 두고 있는 것이다. 수많은 인종과 사회문제를 안고 있는 미국이 저렇게 안정적으로 가는 것도 케네디스쿨 같은 곳에서 공공 리더십으로 무장한 리더들을 많이 육성했기 때문이다.

한국도 1977년에 한국정신문화연구원(현 한국학중앙연구원)을 세웠다. "가난한 한국 사람들이 경제 성장으로 졸부 근성을 가지게 되면 대혼란이 온다. 정신문화를 연구하고 보급하는 활동을 하자"는 의도였다. 박정희 대통령의 주도로 33만 500평방미터(약 10만 평)의 대단지에 시설을 갖추고 훌륭한 학자들을 모았다. 연구원장은 부총리급이었다.

하지만 불과 2년 활동 뒤 박 대통령이 사망하고 초대 원장도 세상을 떠나고 말았다. 그때부터 방향을 잃고 헤맨 지 벌써 30년이다. 지금은 원래 정관 1호에 있던 '정신문화, 리더십' 얘기가 다 빠져 있다. 오늘날 사회적 갈등 비용이 국내총생산(GDP)의 27%를 차지한다고 한다. 이런 엄청난 혼란은 결국 공공 리더십의 부재가 아닌가 싶다.

한국형 리더십
연구·보급 절실

하지만 아직도 한국형 리더십 보급에 나서는 사람은 거의 없다. 정부 기관, 기업, 사람들을 많이 만나 필요성을 얘기했지만 참여하고 지원해 주는 경우는 없다. 공공의 생태계·문화를 만드는 일에는 관심이 없는 것이다. 새마을운동을 겪으며 세계에서 가장 가난했던 한국인들이 가장 부지런하고 오래 일하는 사람들로 바뀌었다. 결국 한강의 기적까지 일으켰다. 이제야말로 새로운 리더십·정신문화를 바탕으로 새로운 한국을 만들어야 할 시점이다. 여기에 국민들의 뜻과 지혜를 모을 때다.

　그래서 시작한 것이 '행복나눔125' 운동이다. 삼성전자에서 'GWP'(Great Work Place)를 도입하고 있다. 미국에서 시작된 행복한 일터 만들기 운동인데, 최종 지향점은 긍지와 자부심(pride), 신뢰(trust), 즐거움(fun)의 세 가지다. 대단히 훌륭한 방법론인데 기본적인 문제가 감추어져 있다. GWP는 전형적인 서구형 방법론으로, 논리적으로 이해가 되면 실행·확산될 수 있다는 특성이 있다. 서양 사람들은 좌뇌 중심으로 논리적으로 움직이므로 가능한 일이다. 반면 한국인은 우뇌 중심으로 감성적으로 움직인다. 머리보다 마음을 움직이지 않으면 안 된다는 데 문제가 있다는 얘기다. GWP를 비롯한 수많은 혁신 운동이 비용만 들어가고 효과가 없는 이유기도 하다.

　더구나 GWP는 정신문화에 감사 나눔이 바탕에 있어야 활성화될 수 있다. 미국 사회는 가정에서부터 감사가 생활화되어 있으나 한국에는 감사를 찾아보기 힘들기 때문에 GWP가 겉돌게 되는 것이라 생각한다.

농심 회장일 때도 GWP를 비롯해 여러 가지 방법을 동원해 행복한 일터 만들기와 조직 문화 개선에 힘썼지만 기대했던 성과를 완벽히 거두지 못한 것이 아쉽다. 예를 들어 '편'한 직장을 만들기 위해 많은 CEO들이 '호프 데이' 같은 것을 만든다. 하지만 이때 놀기는 잘 노는데 소통은 안 될 때가 많다. 한국인은 그런 일상적인 자리에서 어려운 문제나 고충을 털어놓는 사람들이 아니다. 호프 데이 자리는 즐겁게 논 것 이상도 이하도 아니다. 돈은 돈대로 쓰고 성과가 없는 이유다.

그러던 중 깨달은 것이 한국적인 방법을 찾자는 아이디어였다. 어느 날 '감사 일기'를 쓰면 행복해진다는 '감사 나눔' 운동에 대해 알게 됐다. 오프라 윈프리가 불행한 어린 시절을 딛고 세계에서 가장 행복한 여성이 된 건, 매일 작은 감사 5개를 일기에 적었던 것에서 가능했다고 한다.

'우리도 한번 해 보자'는 생각에 〈감사나눔신문〉을 발행했다. 여러 사람에게서 지혜를 모으고 매일 감사한 일을 일기에 쓰자는 의도였다. 감사한 일이 100개, 1,000개, 1만 개로 늘면 감사의 기적이 일어난다. 마음이 부드러워지고 너그러워지고 다른 사람을 소중하게 생각하게 되는 것이다. 이것이야말로 지금 우리가 해야 할 일이라는 결론을 내렸다.

독서, 착한 일, 감사 나눔. 이 세 가지를 모아 2010년 3월에 틀을 완성했다. 그것이 바로 '행복나눔125' 운동이다. 행복한 일터와 사회를 만드는 건 우리 모두의 꿈이다. 새마을운동은 배불리 먹고 잘 살아 보자는 염원을 담은 운동이었다. 국민소득 2만 달러를 넘어선 지금은 새마을운동과 다른 새로운 차원의 운동이 필요하다. 구체적인 방법은 세 가지다. 첫째, 일주일에 한 번은 착한 일을 한다. 둘째, 한 달에 2권의 좋은 책을 읽는다. 셋째, 하루에 5개의 감사 일기를 쓰자는 것이다. 이를 표현한 게 '125'다.

구체적인 방법이 결정되면 이를 도입해 실현해 줄 조직이 필요하다. 주위의 작은 기업에서 관심을 보이는 곳이 많았지만 이름이 알려진 큰 기업에서 성공시키고 싶었다. 마침 새로 CEO로 선임된 허남석 포스코ICT 사장을 만났다.

포스코ICT는 포스데이타와 포스콘을 하나로 합쳐 세운 회사였다. 포스데이타는 와이브로 개발에 나섰다가 실패해 큰 손실을 보고 도산 지경에 와 있었다. 포스콘은 엔지니어링 서비스를 주로 해 현장 중심 문화가 자리 잡고 있는 기업이었다. 완전히 이질적인 조직 문화를 가졌던 기업이 물리적으로만 합쳐진 상태였던 것이다. 물과 기름 같은 두 기업을 어떻게 하나로 뭉치느냐가 허 사장의 고민이었다.

감사운동 앞장 선 포스코의 놀라운 변화

허 사장을 만난 필자는 감사의 위력을 설명하며 행복나눔125를 소개했다. 사실 그전에 감사 일기를 써 볼 것을 권했는데, 허 사장 스스로 감사의 위력을 알게 되며 운동에 동참하게 된 것이다.

허 사장은 유명한 혁신의 전도사답게 행복나눔125 운동을 전파하고 격려해 나아갔다. 결과는 대성공이었다. 2009년도 직원 몰입도 조사에서 43%에 그쳤던 결과는 운동 시작을 선언한 2010년 4월부터 불과 몇 달 뒤에 58%로 상승했다.

2011년에는 70%에만 도달해도 훌륭하다는 목표를 세웠다. 그런데 놀랍게도 84%를 달성했다. 포스코 본사는 물론 계열사에서 최고 기록이었다. 그야말로 기적 같은 일이었다. 겉돌기만 했던 직원들은 항상 웃고 신바람 나는 사람들로 바뀌어 나갔다. 미래를 걱정하던 조직이 내일의 희망을 이야기하는 기업으로 변한 것이다. 정준양 회장도 이를 알고 포스코 전 그룹으로 운동을 확산시켰다. 정 회장이 앞장서 가장 먼저 교육을 받았다. 정 회장은 매일 무작위로 직원 3명을 연결해 감사 전화를 걸었다.

군(軍)과도 협력했다. 당시 국방대학 리더십개발원장이었던 최병순 원장과 상의한 결과 오늘날의 군에서도 이런 운동이 필요하다는데 동감했다. 수방사 전차부대를 시범 부대로 선정해 부대원들에게 감사 일기 쓰기 교육을 진행했다. 젊은 사병들은 거의 모두 어머니에 대한 감사의 마음을 일기에 써 내려 갔다. 1시간 남짓한 시간에

100가지, 200가지 감사의 마음이 채워졌다. 이윽고 눈물이 앞을 가려 읽을 수 없을 정도로 감동의 물결이 일었다. 이후부터 문제 사병이 사라지기 시작했다. 지난해 상반기 육해공군 해병대 8개 대대의 시범 사업 성공을 바탕으로 전 군에서 행복나눔125 운동을 추진하기 시작했다.

포스코의 성공 사례를 따라 많은 기업들의 참여가 확산되고 있다. 광양시, 포항시를 비롯한 많은 지방자치단체들도 행복도시를 목표로 추진하고 있거나 도입을 검토하고 있다. 교육 부문에서도 포스코 교육재단 산하의 학교들을 필두로 포항시의 모든 학교가 추진하고 있으며 인성교육범국민실천연합(인실련)과 함께 전국적인 추진을 위해 협력하기 시작하고 있다. 특히 2013년 초부터 문용린 서울시교육감이 인성 교육을 추진하며 행복나눔125 도입을 선두에서 지휘하고 있다.

이렇게 학교와 군대, 지방자치단체와 기업들의 자발적인 참여가 확산되면 행복한 나라를 향한 대표적인 풀뿌리 운동으로 성장할 수 있을 것이란 기대가 크다. 행복나눔125 운동이 지식 창조 사회의 새

마음운동이라 할 수 있다.

행복나눔125의 궁극적인 목표는 한류4.0이다.

한류1.0은 홍익인간, 동방예의지국으로 대표되는 단군조선시대
다. 수많은 부족국가들이 복속해 와 강대한 나라를 이룰 수 있었다.

한류2.0은 생생지락으로 신바람 나는 행복한 나라를 이룬 세종대왕
의 조선시대다. 수많은 이민족들이 조선 땅으로 이민 행렬을 이었다.

한류3.0은 오늘의 한국이다. 한국의 드라마와 한류 연예인들이 세상
으로 뻗어 나가 활약하고 있다.

한류4.0은 행복한 나라 대한민국을 넘어 홍익인간을 바탕으로 한
한국의 정신문화가 글로벌 정신문화로 발전하여 인류 평화와 공영
에 이바지하는 것이다. 시성 타고르가 예언한 동방의 등불이 되는
것이다.

한류4.0시대, 행복나눔125가 그 중심의 정신문화가 되는 것이 꿈
이다.

삼성, 집요한 혁신의 역사

1판 1쇄 2013년 4월 15일 발행
1판 6쇄 2017년 5월 18일 발행

지은이 · 손욱
펴낸이 · 김정주
펴낸곳 · ㈜대성 Korea.com
본부장 · 김은경
기획편집 · 이향숙, 김현경, 양지애
디자인 · 문용
영업마케팅 · 조남웅
경영지원 · 장현석, 박은하

등록 · 제300-2003-82호
주소 · 서울시 용산구 후암로 57길 57 (동자동) ㈜대성
대표전화 · (02) 6959-3140 | 팩스 · (02) 6959-3144
홈페이지 · www.daesungbook.com | 전자우편 · daesungbooks@korea.com

Korea.com은 ㈜대성에서 펴내는 종합출판브랜드입니다.
잘못 만들어진 책은 구입하신 곳에서 바꾸어 드립니다.

　이 도서의 국립중앙도서관 출판시도서목록(CIP)은 e-CIP
　홈페이지(http://www.nl.go.kr/ecip)에서 이용하실 수 있습니다.
　(CIP제어번호: CIP2013001597)